# 人工智能技术背景下
## 图书馆服务变革

王欣欣／著

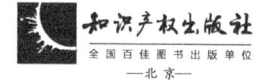

知识产权出版社
全国百佳图书出版单位
—北 京—

**图书在版编目（CIP）数据**

人工智能技术背景下图书馆服务变革/王欣欣著. —北京：知识产权出版社，2024.1
ISBN 978 – 7 – 5130 – 8898 – 5

I. ①人… Ⅱ. ①王… Ⅲ. ①人工智能—应用—图书馆服务—研究 Ⅳ. ①G252 – 39

中国国家版本馆 CIP 数据核字（2023）第 172332 号

**内容提要**

本书从人工智能技术背景下的图书馆服务基本概念、图书馆文献服务、图书馆信息服务、图书馆基础资源服务以及图书馆服务与图书馆员的关系等方面，对图书馆服务及其相关知识进行了系统的阐述和分析，力求从整体上反映图书馆服务在人工智能技术背景下历经的变革，为加强图书馆服务的研究与建设提出建议，并为图书馆行业相关从业人员提供参考。

| | |
|---|---|
| 责任编辑：王瑞璞 | 责任校对：谷　洋 |
| 封面设计：杨杨工作室·张冀 | 责任印制：孙婷婷 |

## 人工智能技术背景下图书馆服务变革

王欣欣　著

| | | | |
|---|---|---|---|
| 出版发行：知识产权出版社有限责任公司 | 网　　址：http：//www.ipph.cn |
| 社　　址：北京市海淀区气象路 50 号院 | 邮　　编：100081 |
| 责编电话：010 – 82000860 转 8116 | 责编邮箱：wangruipu@cnipr.com |
| 发行电话：010 – 82000860 转 8101/8102 | 发行传真：010 – 82000893/82005070/82000270 |
| 印　　刷：北京九州迅驰传媒文化有限公司 | 经　　销：新华书店、各大网上书店及相关专业书店 |
| 开　　本：720mm×1000mm　1/16 | 印　　张：11.25 |
| 版　　次：2024 年 1 月第 1 版 | 印　　次：2024 年 1 月第 1 次印刷 |
| 字　　数：160 千字 | 定　　价：80.00 元 |
| ISBN 978 – 7 – 5130 – 8898 – 5 | |

# 作者简介

　　王欣欣，安徽六安人，皖西学院图书馆副研究馆员，1985 年 7 月毕业于安徽大学图书馆学专业，在《图书馆论坛》《现代情报》等期刊发文 6 篇，研究方向为图书馆管理与服务。

# 序　言

　　随着计算机和网络技术的兴起和发展，图书馆是生存还是消灭的问题越来越困扰着我们。但是现实告诉我们，图书馆还是生存下来了。其中主要的原因就是图书馆不断地拥抱最新技术，新技术的每一次突破第一时间都充分地应用在图书馆。近年来最为典型的有：网络通信的应用、纸质资源的数字化、图书自助借还系统、信息搜索技术、智慧图书馆等。每一项技术的应用都拓展了图书馆功能，升华了图书馆的服务，给读者带来了便利，并更快和更准地满足了其信息需求。

　　或许有人会想这些技术又不是图书馆界创新的。情况的确如此。更准确地说是它们在图书馆得到了综合的应用，综合也是一种创新。图书馆有其自身的服务内涵，有一批默默无闻的专业服务人员。如同教师这个职业一样，这些专业服务人员也利用现有的知识来传道授业解惑。

　　当前人工智能技术正在加速发展。图书馆服务中过去没法解决的难题，未来可能会得到突破。传感与识别技术、大数据技术、算法的创新等都会在图书馆的应用中给图书馆带来新的变化。一所图书馆怎样能够尽量收集服务范围内的最大信息量？所有服务的读者潜在需求是什么？怎样随时把读者的信息需求变化同增量的信息联系起来？这些都是图书馆面临的问题。

　　当下人工智能技术发展得太快，特别是近期 ChatGPT 的横空出世，一下子让人们无所适从。图书馆界自然会有人想：在人工智能高度发达阶段，图书馆还能做什么呢。机器自主学习产生了机器是否能够战胜人类的问题之争。假如机器有一天战胜了人类，那是人类毁灭的大事件，就没有必要讨论图书馆是否有必要存在的问题了。只要人类不毁灭，图书馆就有存在的必要。首先，来说一个极端问题，磁质存储是基于地球的 N 级与 S 级的，地球磁场曾经出现过混乱，如果哪天再发生一次混乱，网络上的信息消失了，怎么办？这时就只有指望图书馆的藏书了。其次，看看网络信息与图书馆内存储知识的差别，图书馆存储的知识是经过严格把关的，有作者、编者和出版者负责的，而网络信息往往没有把关或者把关不严，二者的可信度是不同的。最后，只要专业分工还存在，图书馆的信息素养教育就有必要，信息咨询就必不可少。如同医疗行业，医院从过去以治疗为主，转向现代预防医疗、康复和养老一体化。图书馆的转变也大抵如此，只不过步伐更快。由于阅读方式和手段发生了变化，到图书馆借书的读者少了；由于便捷的网络检索和搜索引擎出现，到图书馆咨询的读者少了。即使在人工智能高度发达的阶段，图书馆需要解决的问题还很多，诸如单位的知识优势在哪方面？读者的创新点在哪里？读者的需求表达是否准确？读者能否时刻获得所需要的信息？如何评判读者获得的信息？总之，人工智能也是一个发展过程，在每一个阶段都存在专业图书馆员发展的空间，读者也离不开图书馆员的帮助。

那么图书馆如何迎接这种挑战，适应新的环境，在智能环境中更好地发挥作用呢？随着技术的进步，图书馆的服务必须不断创新，提供专业的服务。作者在本书中做了有益的探索，从图书馆服务的本源和本质出发，探索了人工智能时代图书馆的各类服务。

作者是图书馆专业的毕业生，在图书馆一线工作近 40 年，将其几十年图书馆服务的心路历程和对于图书馆新技术的拥抱，以及经验、期盼及其情感都融于本书之中。相信读后会带给人们无限的深思！

方习国
（安徽 蚌埠）
2023 年 7 月

# 前　言

　　习近平总书记在党的十九大报告中指出，中国特色社会主义进入新时代，我国社会主要矛盾已经转化为人民日益增长的美好生活需要和不平衡不充分的发展之间的矛盾。要推动文化事业和文化产业发展，满足人民过上美好生活的新期待，必须提供丰富的精神食粮，完善公共文化服务体系，深入实施文化惠民工程，丰富群众性文化活动。人民的美好生活，是个宽泛的概念，涵盖了物质、文化、经济、安全、环境等各个方面，其中精神文化需求是重要的一个方面。近年来，以习近平同志为核心的党中央，着眼构建公共文化服务体系，保障中华民族文化权益，下大力气强力推动公共文化事业发展。图书馆是文化服务体系的重要组成部分：既是文化服务的主要提供者，也是文化服务的重要内容；既是重要的基础设施，也是重要的服务主体。

　　2019 年，习近平总书记在给国家图书馆老专家的回信中指出，图书馆是国家文化发展水平的重要标志，是滋养民族心灵、培育文化自信的重要场所。要创新服务方式，推动全民阅读，更好满足人民精神文化需求。正如习近平总书记指出的那样，图书馆是推动社会教育，促进人民提高文化知识和专业知识，满足人民群众科学、文化、教育、科研、经济等相关信息需求的重要场所。为此，图书馆必须做好相应服务工作。当下在社会、经济、科技发展日新月异，社会形态日益向知识社会、智慧社会转变的形势下，现代智能技术在社会各个方面的应用日益广泛，人民群众对知识信息的服务要求、对图书馆服务的要求也发生了巨大的变化。进入 21 世纪以来，人工智能技术突飞猛进，机器学习、深度学习等相关技术在机器视觉、人脸识别、无人驾驶、电子商务等各个领域广泛运用。在我们日常使用的手机上有人脸/指纹识别，淘宝上有智能推荐系统，美团有智能派送，下围棋有阿尔法围棋（AlphaGo），就医有智能辅助诊断，2022 年底出现的 ChatGPT 更是让人们看到了通用人工智能（AGI）的曙光。人工智能技术已经渗透到我们生活的方方面面，在图书推荐、信息整合等图书馆服务中也应用得越来越广泛。如何在人工智能技术背景下，加强图书馆服务研究与建设，是全体图书馆服务人员面临的一个长期课题。鉴于此，笔者在 30 余年图书馆服务工作的基础上，参阅了大量相关著作文献，并结合人工智能专业知识撰写了本书。

本书共有五章。第一章结合图书馆、图书馆服务、人工智能等相关背景知识，回顾了图书馆的历史与作用，通过在不同历史时期下图书馆服务的"变与不变"，对人工智能技术背景下图书馆服务的基本概念进行了阐述。第二至四章，结合人工智能时代背景，区分图书馆文献服务、信息服务和基础资源服务，对人工智能技术背景下图书馆服务的内容、特点与发展进行了探讨。第五章，对人工智能技术背景下图书馆服务的落实主体——图书馆及其馆员进行了粗浅的分析。

本书在编写过程中，参阅、引用了大量国内外相关著作、报告、论文等文献资料，并得到了同行的大力支持，在此表示衷心的感谢。由于笔者水平有限，书中难免存在疏漏，恳请同行专家和广大读者批评指正。

# 目　录

# 第一章　人工智能技术背景下的
# 图书馆服务基本概念

　　历史经验告诉我们，对人类社会而言，每一次技术飞跃，都会重新塑造社会形态，改变我们曾经熟悉的事物。2018 年，习近平总书记在中共中央政治局专门组织的人工智能发展现状和趋势的专题学习会上强调：人工智能是新一轮科技革命和产业革命的重要驱动力量，加快发展新一代人工智能事关我国能否抓住新一轮科技革命和产业变革的战略问题。由此可见，当今世界，人工智能（Artificial Intelligence，AI）是一项具有颠覆能力的高新技术。

　　人工智能概念最早由数学家、计算机科学家艾伦·图灵（Alan Turing）提出，旨在使用机器或计算机模仿人类学习以及其他方面的智能。自 1956 年由学者约翰·麦卡锡（John McCarthy）提出人工智能一词以来，相关技术经过六十多年发展，特别是 21 世纪以来大数据、高性能计算、云计算等新理论、新技术的驱动下，已处于第三次发展高潮。目前，全球智能化浪潮蓬勃兴起，人工智能技术已经渗透到社会生产和社会生活的各个领域，在汽车自动驾驶、商品自动推荐、智能线上教育、精准辅助医疗等方面已经深入应用。人工智能技术不仅推动了传统产业转型升级，形成新产业、新机遇，也极大地方便了人们生活。但同时，人工智能技术也给社会生产和社会生活带来一些新挑战。人工智能作为颠覆性创新技术，对社会发展模式和现有工作形态产生重大影响。世界经济论坛发布的《工作的未来》

报告指出，到 2025 年，人类完成的工时比例将由 2018 年的 71% 下降到 48%，剩下的 52% 将由机器和算法去完成。不可避免地，人工智能技术将对图书馆服务产生巨大的影响，如何利用人工智能技术，化解可能带来的冲击，对图书馆服务提出了全新的挑战和要求。本章将结合图书馆、图书馆服务、人工智能等相关背景知识，回顾图书馆的历史与作用，通过不同历史时期下图书馆服务的"变与不变"，对人工智能技术背景下图书馆服务概念与认识、机遇与挑战、内容与要求等基础性、原则性问题进行分析和阐述。

## 第一节　关于图书馆服务的基本认识

### 一、图书馆简史

当人类文明发展出现文字和书写系统之后，随着文字体系的不断成熟，逐渐出现了如甲骨、泥板等初步但较为系统的记录事物的载体。这些载体可以看作早期文献和书籍的雏形。这些文献被其创造者或使用者有计划地收藏，形成了最早的图书馆。截至 2023 年初，世界上已知较早的图书馆是：1849 年，英国考古学家莱尔德（Layard）在美索不达米亚发现的公元前 704 年—前 681 年兴建的亚述巴尼拔图书馆，收藏近三万"册"泥版文献。1881 年，考古学家也在两河流域，即现在伊拉克巴格达附近发现公元前 1000 年左右的巴比伦王国图书馆，里面藏有包括著名《汉谟拉比法典》和大量王室文件、外交文献等泥板文书。古代最宏伟的图书馆，是托勒密王朝在亚历山大城建立的亚历山大图书馆。托勒密一世、托勒密二世对收集图书表现出极大热情，广泛在以希腊为主的世界各地收集图书，招聘有名的学者来图书馆任职。该图书馆最盛时期藏书达 50 万册，号称

"古代世界的光荣"。古代图书馆以收藏为主，注重收藏保存，只对部分王室和贵族等权贵开放，封闭性高。一方面，由于当时生产力水平的限制，书籍多由泥板、竹简、羊皮纸等或笨重或昂贵的材质制成，记录方式以手抄为主，数量稀少，几乎无法流通，图书馆的使用局限于馆内阅览。另一方面，这一时期图书馆大都为王室或贵族建立，知识大多为王族、贵族等统治阶层所垄断，对普通大众而言，既没有获取知识的渠道，也没有获取知识的手段。随着造纸术和活字印刷术的出现和传播，为普及文化知识与传播科学技术创造了有利的条件。书本印刷使工艺技术的传播由口头传授过渡到书本传授，大大扩展了科学文化知识交流渠道。

## （一）第一次工业革命推动了图书馆服务

随着造纸业、印刷业大规模工业化生产的出现，书籍的成本大幅下降。工业革命高潮时期，人口迅速向城市集中，产生了产业大军。为了提高大众素质，对大众进行教育，以英国为代表的老牌资本主义国家创立了对普通公众免费开放的公共图书馆，主要提供各种纸本阅览、借阅等服务。17 世纪，法国图书馆学家诺德（Naude）提出图书馆不应只为特权阶层服务，应该向"一切愿意来图书馆学习的人开放"。自 1643 年起，诺德主持的马萨林图书馆每周对公众开放一次，后来逐渐发展为每日对公众开放。同一时期的德国图书馆学者莱布尼茨（Leibniz）认为：图书馆头等重要的义务是想方设法让读者利用馆藏，配备完整的目录，延长开放时间，不要对出借图书设置有太多的限制。受莱布尼茨思想影响，1752 年哥廷根大学图书馆对外开放。1850 年，英国在著名图书馆学家爱德华兹（Edwards）的倡导和推动下，颁布了公共图书馆法。爱德华兹在说明公共图书馆的创立初衷时讲到：建立一种由地方政府授权管理，由地方税收支持，对所有纳税人免费开放的图书馆。这一制度使社会摆脱了知识被少数人垄断的局面，让广大公众获得了平等享有知识的机会。随后，公共图书馆在英国、法国、美国、德国、俄罗斯、日本等广泛建立。除了公共图书馆，各国还建立了国家图书馆，作为国家的学术中心并向公众开放。其中著名的有英国不列颠图书馆、法国国家图书馆、俄罗斯国立图书馆、美国国会图书馆。

## （二）第二次工业革命促进了图书馆发展

随着各国义务教育的普及，图书馆事业在世界蓬勃发展，不仅公共图书馆蓬勃发展，而且随着大学和高等教育的普及，大学图书馆也广泛建立。在欧美发达国家，私人图书馆和企业图书馆也纷纷出现。20世纪初，英国开始使用流动书库并且开展邮寄借书，美国也出现了农村图书馆。这一时期图书馆进一步普及。同时，随着电视、录像、录音等电器设备的出现，部分图书馆开始提供录音、录像等电子信息产品，但大都还是以传统文字信息为主。

## （三）第三次工业革命推动了图书馆创新

随着科技变革的推进，以计算机技术和网络技术为代表的信息技术成为社会发展的巨大推动力。这一时期是信息大爆炸的时代，每天产生的各种信息量超过了中世纪数百年的数据量。同时，不同于以往的文字信息，信息以文本、语音、图像、视频以及大量非结构数据为主。随着互联网的普及，网络已经渗透到社会形态的各个部分，不断改变着人们的生产、生活、学习和思维方式。网络化极大地拓展了图书馆的信息资源范围，不仅仅局限于传统纸质文献，并且逐步转向以电子计算机为载体的多媒体文献。目前，电子出版物和网络信息已占全球信息量的70%，并且在不断地增加。大部分新增的纸质文献也都有相应的电子版本。针对古籍等传统文献，通过古腾堡计划（Project Gutenberg，PG），将文化作品数字化和存档，并且"鼓励电子书的创作和发行"。它由美国作家迈克尔·S. 哈特（Michael S. Hart）于1971年创立，是最古老的数字图书馆。其馆藏中的大部分项目是公共领域的书籍全文或节选。所有文件都可以在开放格式布局下免费访问，几乎可以在任何计算机上使用。截至 2021 年 5 月 22 日，古腾堡计划的免费电子书收藏量已达到 65 405 项，并通过 Z – Library 计划（z – lib，前身为 BookFinder，是一个影子图书馆和文件分享计划）使用户可在此网站上下载期刊文章以及各种类型的书籍。截至 2021 年 5 月 14 日，古腾堡计划共收录了 7 256 881 本书和 80 759 561 篇文章，通过这些计划不断地推进文献电子化。随着网上资源的日益膨胀，由于网络信息的繁杂与高度分布的特性，缺乏组织和管理，严重影响了对信息的利用。同时，海量信息的搜集、整理、存储、检索、挖掘和应用对图书馆也提出了新的挑战。在这种情况和背景下，数字图书馆应运而生。数字图书馆利用以计算机技术和网络技术为核心的数字化技术，构建一个跨越地理和国别限制的信息系统，以数字化方式使用信息资源并为用户服务，实现了脱离时空限制的信息资源共享。目前，我国大部分国家级、省级以及省属高校图书馆都已初步建成数字图书馆，除了传统的纸本、电子图书、报纸、杂志以及多媒体等的借阅服务，大都提供了信息检索、参考咨询、个性化推荐等顺应时代发展的服务。其服务对象由部分公众扩大为全体民众，服务内容由纸本借阅扩展到全方位信息服务，图书馆功能作用、服务内容随着信息技术的发展得到不断深化。

## 二、服务与服务设计

一般来说，人们认为服务是为集体或他人的利益或为某种事业而工作。维基百科将服务定义为：履行职务，为他人做事，并使他人从中受益的一种有偿或无偿的活动，不以实物形式而以提供劳动的形式满足他人某种特殊需要。在西方国家，此种表述涉及经济用语，涵盖所有在买卖过程后不会有物品留下，提供其效用来满足客户的这类无形劳动。美国营销学会对服务的定义为：用于出售或是产品一起进行出售的活动、利益或满足感。学者泽丝曼尔（Zeithaml）认为服务"包括所有产出为非有形产品或构建品的全部经济活动，通常在生产时被消费，并以便捷、愉悦、省时、舒适或健康的形式提供附加价值，这正是第一购买者必要的关注所在"。不同于上述将服务视为一种特殊产品的理解方式，T. P. 希尔（T. P. Hill）将服务定义为一种基于甲乙双方协定条件下，乙方对甲方作出的人物或事物状态的改变。这一概念强调了服务是一种活动，其核心要素在于改变（Transformation）。

在服务研究中，目前最为火热的是"服务设计"（Service Design），这是一种方法论，用于设计和改进各种行业的服务。它采用以用户为中心的设计原则，研究和分析以创建满足用户和利益相关者需求的服务。目标是创建用户友好、高效、有效且经济可行的服务。这种方法通常需要不同利益相关者之间的协作，包括用户、服务提供者、设计师和业务领袖。通过以用户为中心的设计服务，可以提高用户满意度，降低成本，并在市场上获得竞争优势。总的来说，服务设计基于严谨的逻辑思考，是以用户需求为基础重新创造价值的过程。但服务设计至今没有相对统一的定义，它与产品设计有着千丝万缕的联系，又和交互设计的表达形式非常相似。服务设计是所有参与者共同合作，寻找特点，提升已有服务，重新创造价值，建立情感联系，最后让用户享受有价值、有意义的服务旅程。以餐厅为例，在多数人的认知中，如果是求婚、相亲或者商业洽谈等场景用餐，用户会选择去高档些的餐厅；而在约会、工作间隙等场景用餐，用户或许会选择快餐店。这便是服务设计最基础的一点：根据不同情况，对不同的用户提供不同的服务。在高档餐厅就餐过程中，用户可享受到服务生随时的服务、无线网服务、包间服务、音乐服务等，而在快餐店，用户可享受到点餐机、手机 APP 取餐、外卖等服务。这些便是服务设计中的关键点，即在整个服务中所涉及的相关物体或关联人物。服务设计便是对这些关键点进行提升、创造和再设计。

以上两点是服务设计的入门。在创作一个项目时，则需要站在更高的视角，统筹前台和后台，兼顾所有，将整个设计流程按发生的顺序表达出来，分析各个环节的主动或被动影响关系，形成服务设计的蓝图。蓝图的作用是更系统化、更直观地看待新设计的服务流程，也是针对委托设计要求提供最终解决方案后最好的表达形式。像交互设计工作流程中对整个框架的整理，在重新设计后，一些不直接和用户接触的服务被设计，可以在蓝图中被实现出来。服务设计的产品展示可以是有形的，也可以是无形的。有形的产品形式是具体的实物，无形的产品形式主要表现在通过网页、APP 解决某些线上的问题。比起最终形式，服务设计的核心是通过创建情感联系，在让用户和参与者之间的关系更加紧密的同时，使用户更加享受整体服务过程。

总结现代服务的特点如下所述：

（1）不再是响应式的，而是主动的。避免了用户遇到阻碍和问题之后寻求多方帮助的过程，尽可能对用户需求产生预判，主动解决或者提供应对方案，提高服务效率和顺畅度。

（2）不再是触点式的，而是集成的、整合的。从服务环节各自分离和独立的状态，向服务的流程化、一体化方面转变，将物理触点和人员触点等整合起来，形成完整的服务流程体验。

（3）不再是预设好的，而是动态的、实时的路径。例如，淘宝和今日头条收集用户的使用偏好数据来定向推送内容，比起千人一面的模式更容易触及用户的内心。动态、实时的服务路径就是在这样与用户直接交互的过程中自我生成并完善的，在大数据分析的辅助下，实现"条条大路通罗马"。

（4）不再是标准化、模块化的，而是以人为中心的。大工业生产时代的标准化已经难以满足如今的多样化、个性化需求，要想达到定制化的目的，就要打破传统服务的"一视同仁"，细分用户群体和市场，站在用户角度建立以体验为先的精准化服务。

（5）服务不再是"耗材"，而是价值的创造之源。目前服务已经脱离了"产品"的工具属性，不再是单方面产出之后就放置运作直至被消耗废弃，而是在使用期间各方共同贡献力量、塑造服务、创造价值，最终产生真正适用的服务。

## 三、图书馆服务的基本认识

### （一）定义

《中国大百科全书（第二版）》中对图书馆服务的定义为：图书馆利用馆藏和设施直接向读者提供文献和情报的一系列活动，有时也称图书馆读者工作。现代图书馆不仅通过阅览和借阅的方法向读者提供印刷型书刊资料，而且还提供缩微复制、参考咨询、编译报道、情报检索、情报服务、定题情报检索以及宣传文献情报知识的专题讲座、展览等服务。截至 2023 年初，第三版中国大百科全书尚在编纂，但在网站上发布了部分电子内容。第三版的定义则更为简洁：图书馆为履行其职能，围绕文献与读者而开展的一系列工作，是图书馆活动的组成部分。简而言之，图书馆服务就是为了实现自身职能而为读者和用户提供的一系列服务活动。

### （二）组成部分

通常来说，图书馆服务由以下四个部分组成：服务对象、服务资源、服务方法与技术、服务内容。

#### 1. 服务对象

图书馆服务对象通常指广义上的读者。这里的读者是指图书馆资源的使用者，既包括文献信息资源的使用者，也包括图书馆其他资源的使用者，比如来参加图书馆讲座、会议等活动的群体。从图书馆发展历史来看，图书馆服务的对象在不断拓展，由古代的特权阶层，转变为全体民众。在此基础上，现代图书馆更多以"读者第一、服务至上"为办馆理念。参照国际图书馆协会联合会（IFLA）和联合国教科文组织联合发布的

《公共图书馆宣言2022》中提出的原则，即"公共图书馆应不分年龄、种族、性别、宗教、国籍、语言、社会地位或其他任何特性，向所有的人提供平等的服务。还必须向由于种种原因不能利用其正常的服务和资料的人，如语言上处于少数的人、残疾人、数字或计算机技能困难者、读写困难者或住院病人及在押犯人等提供特殊的服务和资料"，公共图书馆的服务对象包括残疾人、老年人、少儿以及一些特殊人群。

2. 服务资源

服务资源是图书馆服务的物质和非物质支撑，主要可分为硬件资源、人力资源、文献资源等。硬件资源包括图书馆的建筑、技术设施等。图书馆建筑是为图书馆履行其社会职能服务的。除了传统的书库（文献资料库）、读者阅览区、文献整理加工及管理区等，现代图书馆越来越强调公共活动区、辅助空间和信息共享空间等更具有服务性质的部分。技术设施是图书馆提供服务的保障，计算机、网络设施、存储视听设备等已经成为现代图书馆的基本技术装备。人力资源主要是指图书馆馆员，其他资源再丰富也需要人力资源来加以发挥和利用。随着社会的发展、用户需求的提高，图书馆人力资源的开发与管理不断受到重视；与此同时，图书馆员的职业道德素养、业务素质、职业技能、知识构成等方面也要有所提升。图书馆的文献资源分成印刷型资源、电子资源、动态图像、静态图像、多媒体资源、乐谱资源、录音资源、测绘制图资源、供视障者使用的纸本资源、连续性资源，以及限量发行或按需出版的资源。

3. 服务方法与技术

图书馆服务方法指在现代服务理念指导下，利用先进的服务技术，对图书馆活动进行科学计划、组织、智慧、协调、控制的过程。在万物皆可服务的服务经济体制下，如何吸收并创新服务方法，特别是吸收利用服务设计等新理念，是涉及图书馆服务方法的重大课题。服务技术是服务方法的支撑。传统图书馆依靠人工服务，随着科技的发展，现代图书馆越来越依赖信息技术。进入 21 世纪，图书馆提供服务的技术支撑包括计算机技术、高密度存储技术、网络通信技术、多媒体技术等，而图书馆应用系统平台则包括一卡通系统、人脸识别系统、自动化集成系统、资源发现系统、数字资源服务系统、办公自动化系统、智慧服务系统等。

4. 服务内容

随着社会的发展，图书馆服务内容也日益丰富。当前，图书馆服务已经由传统的借阅服务，向立体化服务转变发展。这些服务既包括传统的文献流通、阅览、传递等服务，也包括新兴的信息共享空间服务、电子借阅、资源发现服务、移动服务、云服务等，阅读推广、主题图书馆、真人图书馆等也由概念变成了行动。同时，图书馆也越来越重视用户服务评价，努力塑造服务品牌，并注重对读者隐私的保护。现代信息与通信技术的应用大大提高了图书馆服务的工作效率，也为图书馆服务的多样化提供了条件。

## （三）功能

图书馆作为社会文化信息交流机构，具有如下功能。

1. 信息服务功能

早期的图书馆与档案馆没有明确区分，图书馆成立之初便是为了收集整理与统治者有关文献资料，随后演变为收集整理各类图书资料。目前这种作用仍然是图书馆的主要职责之一。各个图书馆通过订购、交换等各种方式把图书文献集中起来，运用专业编目方法进行整理并加以收藏和使用。20 世纪以前，馆藏的图书文献主要是纸本，现在则包括电子文献、音频信息等电子资源，同时，也涌现了参考咨询、知识服务等服务方式。但无论信息的载体是纸本还是电子，服务的方式是借阅、流通还是参考咨询，图书馆服务都履行着图书、文献、信息资料的收集、整理、流通作用。可以说，信息服务是图书馆服务最核心的内容和功能。

2. 教育功能

目前，大多数国家的公立教育都以专业教育为主，即主要提供某个专业的知识。以国内为例，高中阶段进行文理分科，大学阶段专业分明。同时，我国本科学历的公民占全体公民的 10%，大量群众有充实完善自己知识结构、提高科学文化素质的需求。通过图书馆提供的丰富文献信息资源，人民群众不仅可以自我学习、自我提高，按照自己的规划、爱好获取知识信息，而且可以通过图书馆组织的专题培训等活动，获取相应专业知识。图书馆作为"没有围墙的大学"，在社会教育中，承担重要角色。

3. 交流功能

随着知识交流的逐渐增加，图书馆也越来越多地成为召开讲座、讲坛、读书会、读者见面会等活动的交流场所。在图书馆开办的各种人文教育讲座可以提高人民群众的人文素质；各种文化历史讲座，可以让人民群众了解世界文化精髓，了解掌握历史；各种科技创新讲座，可以让人民群众了解世界科技发展最新情况，培养科学精神，激发创新思维；各种读书会可以让人民群众分享自己的读书心得、个人感悟；各种读者见面会可以让读者和作者近距离接触，面对面交流，形成良好的读者－作者阅读反馈。各种交流活动，让广大人民群众享受文化交流带来的乐趣，各种各样的学术交流、读者交流活动营造带动广大人民群众热爱学习、热爱科研的人文氛围。

4. 休闲功能

休闲是人类生活的重要组成部分。图书馆不仅是学习工作的地方，也是休闲放松的场所。图书馆可以通过多种方式实现休闲功能：一种是营造休闲的阅读环境，使读者通过阅读得到放松；另一种是利用图书馆资源专门组织休闲娱乐活动。例如北京大学图书馆在馆内开展的融合娱乐、科技、人文等方面的大型智力挑战闯关活动"密室逃生"，以年轻人喜闻乐见的密室逃脱游戏为载体，通过立体动感的形式，全方位展示图书馆的资源与服务，让读者在娱乐的同时，发现和体验不一样的图书馆，富有趣味性、知识性和挑战性。此类集休闲、趣味、知识为一体的休闲活动，既为人民群众提供了休闲乐趣，也提高了图书馆的人气，有利于图书馆的全面发展。

## （四）特征

自信息科技革命以来，图书馆服务呈现三大特征。

1. 以人为本的服务理念深化发展

以人为本的服务理念倡导以读者需求为核心设计图书馆服务，体现服务的主动化、便捷化与个性化。流动图书馆、24 小时图书馆和"我的图书馆"等项目建设，以读者个性化的信息需求为基础，在合适的时间、以适合的方式将图书馆的信息和资源普遍、均等地推送给读者，尤其要以读者个性化的信息需求为基础，有针对性地帮助读者解决个别问题。

2. 图书馆服务方式以及服务内容的多样化

一是图书馆既通过提供馆藏目录等二次文献的方式帮助读者检索、获取文献资料，也通过异构资源的整合实现多层次、多类型文献的一站式查询；图书馆既向读者提供馆内信息资源，也向读者提供经加工的信息资源整合专题；图书馆向读者提供文献复制与文献传递服务，更追求以解决读者问题为导向的知识服务。二是图书馆服务方式多样化，在对读者信息需求进行挖掘与分析的基础上，以主动深入社区、个性推送信息的方式将图书馆服务从馆内延伸到馆外。

3. 空间设计的创新

在信息共享空间模式的带动下，通过信息与通信技术改造图书馆空间布局，实现图书馆空间设计的开放化、个性化与智能化，使图书馆不仅成为一个保存传播信息和知识的场地，而且成为一个读者可以体验、交流与合作的场所。

# 第二节　人工智能技术简介

## 一、人工智能简史

人工智能，最早由数学家、计算机科学家艾伦·图灵提出。1950 年，图灵发表论文《计算机器与智能》，提出了著名的"图灵测试"，即由人类担任的测试者与作为机器的被测试者相互隔开，并通过一些设置（如键盘）向被测试者随意提问，被测试者回答。多次试验后，如果超过 30% 的测试者通过被测试者的回答不能确定出被测试者是人还是机器，那么这台机器被认为具有人工智能。此文是关于机器智能最早的系统化、科学化论述。著名人工智能学者斯图尔特罗素在 2010 年出版的《人工智能：一种现代方法》一书认为，通过图灵测试的机器至少具有以下能力：自然语言处理、计算机视觉、知识表示、自动推理、机器人技术和机器学习。这六种能力构成了人工智能需要研究和解决的大部分内容。

1956 年，学者约翰·麦卡锡将达特茅斯第二次会议取名为"人工智能夏季研讨会"，标志着人工智能一词被正式提出。会上主要讨论了使用机器模仿人类学习以及其他方面的智能，因此，1956 年也被认为是人工智能元年。在概念提出后，人工智能经历了三次浪潮。

第一次浪潮是概念提出后，学界高度关注，简单神经元等相关技术迅速发展，这一时期人工智能的研究以符号人工智能为主（Symbolic AI）。但计算机算法和硬件水平限制了技术和理论研究的突破，特别是在"异或"问题上的乏力表达，人工智能的第一次浪潮在 20 世纪 60 年代末逐渐消退。

第二次浪潮是 20 世纪 90 年代，随着数理统计理论应用到人工智能的研究，以及 BP 神经网络、语音识别技术的发展，以人工神经网络为代表的人工智能技术开始在模式识别等领域迅速发展并应用，特别是在语音识别、聊天机器人等方面。1997 年 5 月，IBM 研发的"深蓝"（Deep Blue）智能程序在国际象棋比赛中击败了世界冠军加里卡斯帕罗夫。这是人工智能发展史上，人工智能首次在比赛中打败人类，具有划时代的意义。这一时期的人工智能研究重点是数理统计方法的智能技术，也被称为统计人工智能（Statistical AI）。

第三次浪潮是进入 21 世纪以来，数据、算法和硬件的三重力推动了人工智能的新浪潮。这里最有名的代表是在复杂度（即运算能力）比国际象棋高三万倍的围棋上，打败了世界冠军李世石的 AlphaGo。由于这一时期的人工智能主要技术为人工神经网络，本次浪潮也被称为神经人工智能（Neural AI）。

在数据上，随着数据存储与处理能力的提高，以及互联网、物联网、移动互联网的发展，数据量呈爆发式增长。截至 2020 年，全球数据总量达 45ZB，仅仅百度导航每天就新增数据 1.5PB。这些数据类型多样，不仅有传统的文本数据，还包括图片、视频、音频等多种类型的数据。这些海量的数据，为数据分析、数据挖掘等提供了丰富的资源，为人工智能提供了海量的学习对象。

在算法上，2006 年，计算机科学家欣顿（Hinton）受到《自然》（Nature）上关于猫脑神经元研究的启发，提出了"深度学习"的概念，通过堆叠大量人工神经元，模拟人类大脑复杂的神经结构。通过人工神经元之间非线性的连接，深度学习模型获得了强大的非线性表达能力，能从大量数据中，学习到数据的内在映射模式。该优势在于，用于训练的数据越多，深度学习算法的效果也越好。

在硬件上，根据摩尔定律，即微处理器性能每隔 18～24 个月提高一倍，价格下降一半，计算机硬件水平快速上升，计算成本大幅下降。现在我们常用智能手机的计算能力，已经超过 NASA 登月计划时期全部计算能力的总和。特别是近年来云计算、高性能图形处理器（GPU）的出现，为人工智能提供了强有力的处理器。2009 年，吴恩达研究小组发现通过利用 GPU 的并行计算能力，神经网络可以容纳上亿个节点的连接，极大地提高了网络容量，提升了计算速度，缩短了模型训练时间。

目前，全球智能化浪潮蓬勃兴起，人工智能技术，特别是深度学习技术已经渗透到社会生产和社会生活的各个领域，在汽车自动驾驶、商品自动推荐、智能线上教育、精准辅助医疗、智能机器翻译等方面已经深入应用。在人工智能浪潮之下，2017 年，国务院印发了《新一代人工智能发展规划》，对我国人工智能发展作出了具体部署。2019 年，政府工作报告中提出拓展"智能＋"，人工智能正式成为改造各行各业的抓手，也将越来越多地应用于图书馆服务中。

## 二、技术分支与基本原理

人工智能核心技术可以从算法技术层面和应用技术层面来介绍其中几个知识点。

### （一）算法技术层

在算法技术层，从技术角度来说，我们把人工智能定义为任何使机器模仿人类行为的技术。在这个大的技术概念下，人工智能包括机器人技术、传感器技术和机器学习技术。机器人技术旨在让机器像人一样行动，传感器技术旨在让机器获得人类的感知，机器学习技术旨在让机器像人一样思考与决策。前两种技术更多是硬件上，机器学习技术更多是算法上。由于篇幅有限，本书对前两种技术不再赘述，重点了解机器学习技术。

机器学习技术（Machine Learning）是基于一定的学习算法，从数据中产生模型进而对新的数据进行预测的方法。机器学习技术的分类方法多种多样，其中一种比较直观和常见的分类方法是根据学习方式分类，将其分为监督学习算法（Supervised Learning）、无监督学习算法（Unsupervised

Learning)、半监督学习算法（Semisupervised Learning）、强化学习算法（Reinforcement Learning）等。

监督学习算法需要已知样本的标签数据。这里的标签指对原始数据的目的性说明。比如，对于一张照片，如果没有任何说明，那这就是无标签数据；如果有相应说明，如这是一张小猫照片，那就是有标签数据。这些标签数据通常需要通过人工标注的方法获得，近年来，学术界和工业界也在研究自动标注技术。大多数的监督学习算法利用已标注的训练集来训练模型，使模型能够学习到数据与标签之间的映射关系。相比于无监督学习算法，监督机器学习算法能够利用样本标签中的信息，因此其准确性通常更高。常见的监督学习算法有决策树（Decision Tree）、随机森林（Random Forest）、K 近邻（k – Nearest Neighbor，KNN）、逻辑斯蒂回归（Logistic Regression，LR）、支持向量机（Support Vector Machine，SVM）、人工神经网络（Artificial Neural Network，ANN）等。其中决策树通过对已有数据进行归纳，产生可读规则和决策路径，以此分析新数据。随机森林利用多个决策树进行集成学习，基于所有决策树的输出得到最终分类结果。K 近邻算法没有显示训练的过程，根据邻近样本的类别进行投票实现对未知样本的分类。逻辑斯蒂回归是经典的分类方法，原理是根据现有的数据对分类边界建立回归公式，以此进行分类。支持向量机通过优化方法寻找对训练集最优的分类超平面，以分类超平面作为决策边界实现对样本的分类。人工神经网络利用多个神经元的连接构成非线性映射，通过样本的训练来拟合输入与输出的映射关系。这些经典算法原理清晰，准确度高。

无监督学习算法是在不需要样本标签的情况下对样本进行识别，即用于训练的数据不需要事先经过人工的分类和标记，算法仅仅通过数据本身的特征和分布来训练模型。聚类是无监督学习中的一种主要算法，根据样本之间的相似性将样本划分为不同簇。聚类算法主要有密度聚类、K 均值（K – means）聚类、层次聚类（Hierarchical Clustering）、自组织映射（Self – Organizing Map，SOM）、模型聚类等。其中密度聚类算法以样本的密度为依据，通过样本之间的连接性对样本进行划分，能够得到非凸的簇。自组织映射是一种神经网络方法，也可以实现无监督聚类。很多聚类算法以样本间的距离作为分类指标，当应用于高维数据时，可以采用无监督降维算法对数据进行预处理，从而突出主要特征，提高计算效率。无监督降维算法是一类常见的无监督学习算法，包括主成分分析（Principal Component Analysis，PCA）、局部线性嵌入（Locally Linear Embedding，LLE）、多维尺度变换（Multidimensional Scaling，MDS）、等度量映射（Isometric Mapping，ISOMAP）、拉普拉斯特征映射（Laplacian EigenMaps，LE）等。

介于有监督和无监督学习算法之间，半监督学习算法同时利用有限的标签数据和大量的无标签数据进行训练，分为归纳学习（Inductive Learning）和直推学习（Transductive Learning）。在归纳学习中，用于训练的无标签样本不是最终预测的目标数据；而在直推学习中，用于训练的无标签样本为最终要分类的数据，即在训练时用到了测试集的样本。主要的半监督学习算法有生成式方法、半监督支持向量机（Semi-Supervised Support Vector Machine，S3VM）、基于图的半监督学习等，其中半监督支持向量机中的直推式支持向量机（Transductive Support Vector Machine，TSVM）是一种经典的半监督模型。半监督学习算法所需要的有标签样本较少，而且在很多情况下其表现优于无监督学习方法。

强化学习算法通过训练使得智能体能够基于环境作出行动决策，从而实现最大化收益，主要应用于游戏、机器人、无人驾驶、电子商务等领域。

机器学习技术中，一个重要的算法就是深度学习。随着深度模型在计算机视觉和文本语音等领域取得巨大突破，深度学习算法也成为研究热点。卷积神经网络（Convolutional Neural Networks，CNN）是在图像处理和计算机视觉领域使用最广泛的深度模型。其利用包含多个卷积核的卷积层对数据进行特征提取，并通过多层的叠加和非线性的激活函数获得强大的非线性映射能力。2012 年，AlexNet 在图像识别分类竞赛 ImageNet 中获得冠军，使得卷积神经网络获得广泛关注。此后，在图像分类领域，一系列经典卷积神经网络模型的提出，对卷积神经网络结构的演进起到了推动作用。如 VGG 采用小的卷积核替代大的卷积核，GoogLeNet 提出了 Inception 结构和批标准化层（Batch Normalization，BN），ResNet 提出了残差结构，DenseNet 在不同层之间添加了密集连接等。这些经典的卷积网络模型显著提升了图像分类任务的准确率，也进一步促进了深度学习的发展。在图像语义分割任务中，同样涌现出很多经典的网络结构，如全卷积网络（Fully Convolutional Networks，FCN）、SegNet、UNet、DeepLab、PSPNet 等。此外，在目标检测、实例分割、图像生成等领域，同样提出并应用了很多典型的卷积神经网络结构。卷积神经网络主要用于处理图像，而在语音、文本等数据中，前后的数据往往具有一定的联系，如果模型能够学习到上下文之间的关系，其准确率将大大提升。因此，能够处理序列数据的深度模型循环神经网络（Recurrent Neural Network，RNN）以及基于其发展出来的长短期记忆网络（Long Short Term Memory，LSTM）、门控循环单元（Gated Recurrent Unit，GRU）等也得到深入的研究。此类模型被广泛应用于语音识别、文本理解、文本翻译等领域。深度学习技术的发展大大推动了智能技术的进步，为解决复杂的映射问题带来了机遇。

需要特别关注的是，著名的 AlphaGo 所使用的强化学习技术。维基百科对强化学习的定义是：强化学习是机器学习领域之一，受到行为心理学的启发，主要关注智能体如何在环境中采取不同的行动，以最大限度地提高累积奖励。强化学习主要由智能体（Agent）、环境（Environment）、状态（State）、动作（Action）、奖励（Reward）组成。智能体执行了某个动作后，环境将会转换到一个新的状态，对于该新的状态，环境会给出奖励信号（正奖励或者负奖励）。随后，智能体根据新的状态和环境反馈的奖励，按照一定的策略执行新的动作。智能体通过强化学习，可以知道自己在什么状态下，应该采取什么样的动作使自身获得最大奖励。由于智能体与环境的交互方式和人类与环境的交互方式类似，可以认为强化学习是一套通用的学习框架，可用来解决通用人工智能的问题。

为了更好地解释强化学习基本框架，这里给出一个简单的例子：当一个调皮的孩子不愿意做作业时，父母就会说："做完作业带你去麦当劳。"这时候，小孩子眼睛闪着金光，于是就会为了去麦当劳乖乖地去写作业。久而久之，孩子就会明白，只有努力写作业才能获得去麦当劳的奖励。然而，事情总不是这么简单，父母对于作业完成的顺序可能会有要求，假如父母特别希望看到孩子先做完数学作业，再做语文、英语作业。如果按照父母的意愿先做完数学再做其他作业，那么他不仅能吃上炸鸡，还可以加一个雪糕。于是小孩就会学聪明点，为了吃到更多麦当劳食品，他会按照父母的意愿先去完成数学作业，再做其他作业。最后，小孩不仅知道努力做作业可以获得奖励，并且知道改变做作业的顺序可以吃到更多的麦当劳食品。这就相当于找到一个好的策略，能够使小孩获得最大累积奖励。其中，调皮的孩子就是智能体，父母代表环境，麦当劳的炸鸡和雪糕分别代表不同的奖励信号，小孩选择不做作业、做作业、做作业的顺序就是动作，当前作业的完成情况可以类比为状态。父母（环境）会根据孩子作业的完成情况（当前状态）给予不同的奖励，对于不同奖励，孩子会采取不同的方式去做作业（选择动作），做作业并且先做数学作业就是最优策略。强化学习就是不断地根据环境的反馈信息进行试错学习，进而调整优化自身的状态信息，其目的是找到最优策略，或者找到最大奖励的过程。

## （二）应用技术层

除了人工智能的算法技术层，具体到应用场景，还有应用技术层。应用技术层包括语音识别、计算机视觉、自然语言处理等，是将上述算法技术层应用到具体场景，或者针对性解决具体问题的技术。

### 1. 语音识别技术

语音识别技术旨在让机器听懂人类的语音。系统通过学习，能够把输入的语音按一定模式进行分类，进而依据判定准则找出最佳匹配结果。这项技术可以提供比如自动客服、自动语音翻译、命令控制、语音验证码等多项应用。语音识别算法技术主要分为三大类：第一类是模型匹配法，包括矢量量化（VQ）、动态时间规整（DTW）等；第二类是概率统计方法，包括高斯混合模型（GMM）、隐马尔科夫模型（HMM）等；第三类是辨别器分类方法，如支持向量机（SVM）、人工神经网络（ANN）和深度神经网络（DNN）等以及多种组合方法。目前，语音识别已用于许多领域，主要包括语音识别听写器、语音寻呼和答疑平台、自主广告平台、智能客服等。

2. 计算机视觉技术

计算机视觉技术，就是用机器代替人眼对目标进行识别、跟踪，并进一步作图像处理，用计算机处理成为更适合人眼观察或传送给仪器检测的图像。它一遍又一遍地运行数据分析，直到能够辨别差异并最终识别图像为止。例如，要训练一台计算机识别汽车轮胎，需要输入大量的轮胎图像和轮胎相关数据，供其学习轮胎差异和识别轮胎，尤其是没有缺陷的轮胎。这个过程会用到两种关键技术：一种是机器学习，另一种是卷积神经网络。机器学习使用算法模型，让计算机能够自行了解视觉数据的上下文。如果通过模型馈入足够多的数据，计算机就能"查看"数据并通过自学掌握分辨图像的能力。算法赋予机器自学的能力，而无需人类编程来使计算机能够识别图像。卷积神经网络将图像分解为像素，并为像素指定标记或标签，从而帮助机器学习或深度学习模型"查看"。它使用标签来执行卷积运算（用两个函数产生第三个函数的数学运算）并预测它"看到"的东西。该神经网络运行卷积运算，并通过一系列迭代检验预测准确度，直到预测开始接近事实。然后，它以类似于人类的方式识别或查看图像，就像人类辨别远距离的图像一样，卷积神经网络首先辨别硬边和简单的形状，然后一边运行预测迭代，一边填充信息。卷积神经网络用于理解单个图像。除了卷积神经网络，循环神经网络以类似的方式在视频应用程序中帮助计算机理解一连串帧中的图片关系。目前计算机视觉也得到了广泛应用，如人脸识别、图像检索、游戏和控制、监测、智能汽车等。

3. 自然语言处理技术

自然语言处理技术（Nature Language Process，NLP），用于处理计算机与人类之间使用自然语言时的沟通交流，致力于让计算机能够理解和生成人类语言。自然语言处理技术应用广泛，如机器翻译和文本过滤等领域，最为常见的是如天猫精灵和 Siri 这样的语音助手。

自然语言处理技术可以应用到以下几个领域。

（1）文本检索。多用于大规模数据的检索，典型的应用有搜索引擎。

（2）机器翻译。跨语种翻译，该领域已较为成熟，如谷歌翻译已用上机器翻译技术。

（3）文本分类/情感分析。本质是分类问题，也较为成熟，难点在于多标签分类（即一个文本对应多个标签，把这些标签全部找到）以及细粒度分类（二级情感分类精度很高，即好、中、差三类，而五级情感分类精度仍然较低，即好、较好、中、较差、差）。

（4）信息抽取。从不规则文本中抽取想要的信息，包括命名实体识别、关系抽取、事件抽取等，应用极广。

（5）序列标注。给文本中的每一个字/词打上相应的标签。这是大多数自然语言处理技术底层技术的核心，如分词、词性标注、关键词抽取、命名实体识别、语义角色标注等。

（6）文本摘要。从给定的文本中，聚焦到最核心的部分，自动生成摘要。

（7）问答系统。接受用户以自然语言表达的问题，并返回以自然语言表达的回答。常见形式为检索式、抽取式和生成式三种，近年来交互式也逐渐受到关注。典型应用有智能客服、智能咨询。

（8）对话系统。与问答系统有许多相通之处，区别在于：问答系统旨在直接给出精准回答，回答是否口语化不在主要考虑范围内；而对话系统旨在通过口语化的自然语言进行对话来解决用户的问题。对话系统目前分为闲聊式和任务导向型，前者主要应用有 Siri、小冰等；后者主要应用有车载聊天机器人、导读机器人。

（9）知识图谱。从规则或不规则的文本中提取结构化的信息，并以可视化的形式将实体间通过何种方式联系表现出来。图谱本身不具有应用意义，建立在图谱基础上的知识检索、知识推理、知识发现才是知识图谱的研究方向，如知识挖掘。

（10）文本聚类。这是一个古老的领域，但现在仍未研究透彻。从大规模文本数据中自动发现规律，其核心在于如何表示文本以及如何度量文本之间的距离。

以上十个分支在现实商业场景中都得到了广泛的应用，并在图书馆领域具有广阔的应用前景。

# 第三节　图书馆服务的基本内容与人工智能关键技术

针对图书馆的职能定位，图书馆服务可以分为以下三类，每一类服务都能通过人工智能相关技术进行改造。

## 一、文献服务

文献服务是图书馆利用文献资源直接向读者提供文献的服务，包括文献借阅、阅览、检索等，是图书馆服务的最主要内容。这里的文献资源不仅包括传统的图书、期刊、报纸等纸本资源，而且包括电子图书、音频、视频等电子资源。对于文献服务，智能搜索技术可以使文献检索更加高效，智能物流技术更是提高了借阅效率，降低了馆员工作强度。智能物流服务，可以让读者按照快递下单的方式，借阅图书、订阅资源，极大地改善了读者的服务体验。随着无人化技术的普及，文献服务的便利性和易获得性也得到了极大的提高。通过自助借阅，文献服务可以 24 小时全天候提供，服务的便捷性得到巨大的提升。

## 二、信息服务

信息服务是针对读者用户在寻找信息、利用知识等方面提供支持、帮助的服务，包括参考咨询服务、定题信息服务、科技查新服务、信息推荐等内容。在信息服务中，智能推荐技术可以根据每名读者的个性数据，提供一对一个性化的信息需求挖掘与资源主动推荐。智能数据挖掘技术，可以更好地为读者提供深层次的知识，而不是简单的信息汇编。智能知识图谱技术利用可视化的图谱形象地展示学科的核心结构、发展历史、前沿领域以及整体知识架构图，为读者提供切实、有价值的参考信息。

## 三、资源服务

资源服务是图书馆利用自身软件和硬件资源所提供的服务，包括共享空间服务、讲座展览服务、休闲娱乐服务等。利用智能虚拟技术构建的智能学习中心，将图书馆物理资源和虚拟资源整合起来，可以提供智能化的创新空间，极大地增强了图书馆资源服务的能力。智能管理技术，可以通过手机应用或者网页客户端，实现图书馆硬件资源的在线预览、座位预约、网上预订，极大地方便了人民群众，使其更好地利用图书馆各类资源。

# 第四节　人工智能技术对图书馆服务的机遇与挑战

随着人工智能技术不断地发展应用，人工智能技术对图书馆服务带来了巨大的影响。这给图书馆服务创造了巨大的发展空间，提供了更多新的可能，同时也带来了巨大的挑战。

# 一、机　遇

人工智能技术旨在让机器拥有人的智能，可以极大地提高图书馆服务的智能化水平，优化服务方式，提高服务效率，创造以往没有或无法实现的服务内容；同时也可以依靠自动化技术分担馆员的工作，特别是体力性、重复性工作，让他们从部分体力劳动和重复劳动中解放出来，实现人力资本的再创造。

## （一）优化服务方式

利用人工智能技术，可以在不增加人力的情况下提高已有服务的质量水平。以咨询服务为例，传统的图书馆咨询服务通常以馆员为主体，受馆员服务态度、服务能力以及咨询馆员配备数量影响，咨询服务效果难以保障，并且无法做到全年全天候 24 小时服务。自然语言处理技术的发展，特别是类似天猫精灵和 Siri 这样智能语音助手的出现与发展，通过结合微信公众号、应用小程序、网上图书馆等方式，可以为读者提供 24 小时智能咨询服务。

其工作模式与工作流程为：第一步，智能服务助手通过微信公众号、应用小程序、网上图书馆、专用 APP 等交互方式直接与读者进行交流，接受读者的咨询服务要求，与读者进行自主交互，在与读者交流时，无须明确知道交互的对象是图书馆员还是计算机系统；第二步，智能服务助手将接收到的文字、按键、选项等相关信息传递到后台服务器数据库，如果是语音或者视频交互数据，则通过语音翻译后传入数据库，根据读者咨询内容，进行咨询匹配、语料匹配、馆藏匹配等智能搜索匹配后台操作；第三步，通过微信公众号、应用小程序、网上图书馆、专用 APP 等方式将处理完毕的信息与读者交互，显示搜索结果、咨询内容、操作提示等反馈结果。同时，在服务过程中，还可以使用服务相关数据，迭代更新智能服务程序，不断提高智能助手的服务能力。这种服务模式新颖、使用便捷，使得读者可以根据需要随时随地获得所需的相关信息，图书馆咨询服务的范围和能力也得到了极大的提升。

虽然智能咨询服务系统目前做不到和真人服务完全相像，但仿真性的语音、文字或者视频交互已经使读者得到近似真人服务的体验，并且其智能化程度、系统友好度和娱乐性较强。同时，通过不断积累，智能咨询服务系统具有一定的自我学习进化能力，可以在使用中不断提高服务质量。2010 年以来，智能咨询服务在许多图书馆中得到广泛应用，如清华大学的智能机器人小图，基于 ALICE 能够实现参考咨询、图书搜索、自我学习等相关功能；上海图书馆的智能机器人图小交，基于 Botplatform 能够实现资料查询、学科导航、借还提醒、自主聊天等功能。

## （二）创新服务内容

人工智能技术的应用，极大地拓展了图书馆服务的内容，提供了新颖的服务条件，为创新图书馆服务打下坚实的技术基础。例如，传统的参考咨询服务主要通过人工柜台、馆员回答的方式进行，随着人工智能技术的发展，越来越多的图书馆开始采用智能咨询服务，利用人工智能技术提供快速、精确和个性化的咨询服务。在过去，用户通常需要前往图书馆的咨询台或者通过电话、邮件等方式联系图书馆员寻求帮助，需要等待一段时间才能得到回复。由于图书馆员工数量有限，可能无法及时解决所有的问题。但是，智能咨询服务的引入改变了这一情况。智能咨询服务采用自然语言处理和机器学习等技术，能够识别用户的问题并提供相应的答案或解决方案。用户只需要在图书馆网站或应用程序中输入问题或关键词，系统就会自动分析并提供相关信息。

与传统的咨询方式相比，智能咨询服务具有以下几个优点：快速响应，即可以立即响应用户的问题，用户无须等待图书馆员工的回复；24 小时服务，即可以在任何时间为用户提供服务，无论是白天还是晚上，无须担心人员不足；准确性高，即由于智能咨询服务采用了自然语言处理和机器学习等技术，能够更加准确地理解用户的问题并提供相应的答案或解决方案；节省成本；即无须雇佣额外的员工，可以节省人力资源成本并提高效率。总的来说，智能咨询服务不仅能够提高图书馆运转效率，而且可以提高用户满意度，是一个值得图书馆引入的服务方式。

## （三）提高服务效率

传统图书馆服务大都依赖人工，但人工服务难免受馆员能力、工作时间等因素制约。人工智能技术的应用，为提升图书馆服务的自动化效率和水平创造了有利条件。例如，传统的馆藏管理方式需要图书馆员手动录入书籍信息、分类号、索书号等信息，不仅费时费力，还容易出现人为错误。而智能馆藏管理系统采用了自然语言处理、图像识别、机器学习等人工智能技术，能够自动识别并管理馆藏。首先，智能馆藏管理系统能够通过图像识别技术自动识别书籍的 ISBN 号，并添加到图书馆的馆藏系统中。这样，图书馆员无须手动录入书籍信息，大大缩短了录入时间，同时减少了人为错误。其次，智能馆藏管理系统还能够通过自然语言处理技术，对图书进行智能分类和索引。该系统能够自动识别书籍的内容、主题和作者等信息，并将其自动分类和索引，使用户可以更加方便、快速地查找到所需书籍。除此之外，智能馆藏管理系统还能够自动分析借阅情况、阅读偏好等信息，为图书馆员提供借阅预测、馆藏建议等服务，从而更好地满足用户的需求。

## （四）减轻服务负担

随着现代图书馆规模的扩张、馆藏的增多，以及全民阅读的兴起，图书馆员面临越来越繁重的流通上架、排架以及程序性、重复性的纸质文献管理工作。人工智能技术兴起后，利用类似京东物流的智能仓储管理系统，可以有效地将馆员从新书上架、图书排架管理、图书归架管理等简单而繁重的工作中解放出来。这种技术融合射频识别（Radio Frequency Identification，RFID）和智能数据库管理，并引入机器人系统，能够实现图书流通和纸质文献管理的自动化，使得书库可自动化和无人化盘点、核对、搬运整理，图书通过 RFID 自动定位，无须检索书号和定位存放，方便进行书架整理。南京大学通过为图书安装 RFID 并结合盘点机器人，可以精准、高效地进行图书自动分拣、自动盘点。通过智能仓储管理系统，图书的借阅、归还、管理完全可以实现自动化，不仅使图书文献的管理、检索、查询效率更高，而且使馆员得到了解放。

## （五）提供个性服务

利用人工智能，可以针对每个读者不同的特点和需求，提供个性化服务，改善读者服务体验。随着人工智能技术的不断发展，越来越多的图书馆开始探索将其应用于其服务，为读者提供更加个性化、贴心的服务。传统的图书馆服务中，读者需要花费大量时间寻找感兴趣的图书，但往往难以找到自己真正想要的。而智能推荐系统采用了机器学习、自然语言处理等人工智能技术，能够自动推荐适合读者阅读的图书，省去了寻找图书的烦恼。首先，智能推荐系统能够根据读者的阅读记录、搜索记录等信息，进行智能分析和预测，推荐适合读者阅读的图书。比如，对于喜欢阅读历史类图书的读者，系统可以自动推荐历史相关的图书，如名人传记、历史文化等。对于喜欢科幻小说的读者，系统可以推荐类似的科幻小说。这样的个性化推荐让读者更快地找到感兴趣的图书，提高了读者的阅读体验。其次，智能推荐系统还可以根据读者的阅读喜好和习惯，提供更加个性化的推荐服务。比如，对于读者的阅读喜好偏向于某一特定领域的图书，系统可以根据这一领域的专业性和深度，提供更加专业的推荐服务。再次，智能推荐系统还可以根据读者的阅读速度和频率，采用相应的推荐策略，比如定期推送、主动推荐等。最后，智能推荐系统还可以不断地根据读者的反馈进行调整和优化，让推荐服务更加符合读者的需求。比如，对于读者不感兴趣的推荐内容，系统可以根据读者的反馈及时调整，从而提供更加符合读者喜好的推荐服务。这种反馈机制不仅能够提高推荐的准确性，而且能够增强读者与图书馆之间的互动与信任。

总的来说，智能推荐系统为图书馆提供了一种全新的服务方式，让读者更加方便、快捷地找到感兴趣的书籍，提高了阅读体验。同时，智能推荐系统通过提高图书馆的服务效率，减轻工作人员的负担，从而更好地服务读者，提高服务水平。

## 二、挑　战

虽然人工智能技术大大地拓展了图书馆服务的边界，使图书馆服务效率更高、效果更好，但也给图书馆服务带来了巨大的挑战。

### （一）地位挑战

随着智能搜索技术和网络资源的不断丰富，目前既有维基百科、百度百科这类可以全民参与的网络大百科，也有古腾堡计划这样免费的网络开源图书库，谷歌搜索、谷歌学术（Google Scholar）这样的高效知识搜索应用，还有类似大规模开放式在线课程服务（Massive Open Online Course，MOOC），读者用户在知识资源选择上，渠道越来越多。随着年轻人越来越习惯于网络冲浪、视频学习，图书馆作为知识服务商的角色越来越被其他形式所挑战。如何与网络搜索、网络百科、网上开放图书馆等公开网络资源竞争，是图书馆面临的巨大挑战。

### （二）技术挑战

人工智能技术作为前沿科技，其具体应用技术的研发需要人工智能专业和具体应用专业人员共同参与，例如对于 AlphaGo 的研发，不仅有专业的人工智能团队的参与，还有数名围棋专业选手的参与。对图书馆服务相关人工智能应用而言，系统的研发、维护都需要专业技术支持。但各级、各类图书馆均存在缺乏人工智能、模式识别等相关技术的研发能力，自我研发能力弱等问题。

## （三）数据安全挑战

人工智能技术需要大量的读者数据进行模型训练，这些数据包括读者的借阅时间、阅读内容、是否超期等相关行为，为了对读者进行偏好分析，还有可能包括读者年龄、性别、学历等个人情况。目前各级、各类图书馆缺乏自我研发人工智能技术的能力，大多采用外包、合作的方式与具备技术条件的公司或其他单位合作研发，研发过程中不可避免地将读者数据共享给合作方，增加了侵犯读者隐私权的风险。

## （四）信息茧房

人工智能技术极度依赖历史数据，不同的数据会训练出完全不同的模型。以推荐系统为例，算法通过分析读者历史阅读数据，得出具有类似阅读特征或者相同年龄阅读者的偏好数据，给图书馆一种此类读者只喜欢这种图书的信息假象，从而一方面推荐购买这类书籍，另一方面向读者推荐这一类数据，使读者接收的信息高度同质化，生成"信息茧房"。如何破除这种数据偏见，在人工智能学界已经进行了大量的研究，也是将人工智能应用到图书馆服务的一个巨大挑战。

## （五）人才挑战

人工智能技术需要人才支撑，但相关人才较为紧缺。华为、腾讯等一线企业为人工智能专业应届毕业生提供的薪资待遇为 40 万—60 万元/年，而各级、各类图书馆提供的薪资待遇不足以吸引人工智能人才。另外，各类图书馆馆员多为文科专业出身，通过简单培训掌握人工智能技术的难度较大。如何引进、培养人工智能专业人才是各个图书馆面临的共同难题。

## （六）基础挑战

人工智能技术需要大量的技术支持，如高性能数据库、高性能计算、高联通网络等。作为新兴产业，人工智能尚未形成完善的基础设施和统一的资源共享平台。各级、各类的图书馆智能化建设也大多依托自身资源，难以形成规模效应，同时也增加了建设的难度与成本。

# 第五节　人工智能技术背景下
# 图书馆服务的原则、目标与要求

## 一、服务原则

图书馆服务原则是图书馆开展服务的理论依据。在图书馆发展的历史长河中，图书馆服务原则随着时代的发展不断地发生演化。

1876 年，在第一次工业革命的大背景下，美国著名图书馆学家杜威（Dewey）提出图书馆服务"在适当的时间，给适当的读者，提供适当的图书"，即著名的"三适当"原则，具有开创性意义。

1931 年，在公共图书馆广泛兴起和第二次工业革命的背景下，著名的图书馆学家阮冈纳赞（Ranganathan）提出了图书馆服务的"图书馆学五定律"。第一定律"书是为了用的"，确立图书馆的基本法则，改变了传统图书馆以收藏和保管图书为主要使命的观念，确立了以利用为根本的服务宗旨。第二定律"每个读者有其书"，改变了图书馆为少数人服务的情况，要求图书馆一视同仁地为每一位读者提供图书，强调服务对象的普适性和广泛性。第三定律"每本书有其读者",要求图书馆的藏书发挥作用,强调图书馆应该主动服务,并提高服务的针对性。第四定律"节约读者的时间",强调图书馆服务的效率,将节约读者的时间作为图书馆服务的评价标准和指导原则,改善图书馆服务状况,改进图书馆服务方法。第五定律"图书馆是一个生长着的有机体",认为图书馆是由资源、基础、服务等构成的一个有机整体,缺一不可,概括了图书馆的发展观。

随着时代的发展,特别是在第三次工业革命信息技术的发展背景下,1995 年,美国图书馆学家克劳福特(Crawford)和戈曼(Gorman)在"图书馆学五定律"的基础上,提出了"图书馆学新五定律"。第一定律"图书馆为全人类服务",阐述了图书馆服务的使命是为人类文化素质服务,从服务人类文化素质的层次上确立了图书馆地位作用。第二定律"掌握各种知识传播方式",要求图书馆不拘泥于纸本文献资源,要掌握电子、视频、音频、多媒体等各种知识传播方式。第三定律"善用科技提升服务品质",提出要紧跟时代发展,及时跟进利用科学技术手段,提高服务质量。第四定律"确保知识的自由存取",认为图书馆应该对所有人敞开大门,无门槛地服务大众,服务全社会。第五定律"尊重过去,开创未来",强调图书馆服务应该立足过去,着眼未来;既继承图书馆悠久历史及其优良传统,又根据时代发展与时俱进,不断进化。

人工智能技术有了新的发展,时代有了新的变化,数据量极速增加,技术加速变革。随着智能搜索技术水平的提高,谷歌搜索、谷歌学术、维基百科、百度百科、古腾堡计划等方便快捷的信息搜索、查阅技术的发展与应用,人民群众对信息服务的要求也越来越高。图书馆服务原则也需要与时俱进,有所改变。其中最主要的就是要更加积极地探索科技创新与应用,特别是人工智能相关技术在图书馆服务上的应用。图书馆不应该被动等待技术变革,让新技术"推着走",而应该积极"靠上去",主动与科研院所、学校院系等研究机构联合,探索智能推荐、知识图谱等相关技术在图书馆服务中的应用。

## 二、服务目标

在上述原则的指导下，图书馆服务应达到以下服务目标。

### (一) 服务的人文性

在人工智能时代，智能服务在我们的生活中可谓无孔不入。在淘宝、京东，对客户的服务90%都是由自动回复机器人提供的，10010、10001等语音客服大部分也是智能回复。这类智能服务虽然便利，但也缺乏温度，容易让人感觉冰冷无情。这时候图书馆应该更加尊重读者的人格，维护读者的阅读权益，体谅读者的阅读需求，关注读者的阅读感受。此种理念不仅应成为图书馆人之间的广泛共识，而且应成为图书馆人的自觉行动。现代图书馆的角色已经超越了纯粹的文献储藏和传播，应该更加尊重读者的人格和维护读者的权益。这意味着，图书馆不仅要提供丰富多样的文献资源，而且应该特别关注读者的需求和感受，让读者做阅读的主人，实现现代图书馆理念。阅读是一种权益，每个人都应该有阅读的权利。因此，图书馆必须尊重读者的阅读权益，让读者自由地选择他们想要阅读的内容。

图书馆还应该提供一些针对不同群体和需求的服务，如儿童和青少年读者需要阅读相关的文献资源和参加相关的活动。还有一些读者需要一些特殊的服务，比如为视障读者提供无障碍的阅读环境和配套设施。图书馆应该秉承"读者至上"的理念，关注读者的需求和感受。这就需要建立一个开放式的交流平台，使读者可以反馈对于图书馆服务的意见和建议。同时，为了满足不同读者的需求，图书馆还应该提供多样化的服务和活动，比如阅读讲座、图书馆活动、阅读推荐等，帮助读者更好地选择阅读内容和理解阅读内涵。图书馆还应该通过开展相关的阅读培训和活动，帮助读者提高阅读能力，建立阅读自信。

图书馆服务需要具备前瞻性。随着人工智能技术的发展，图书馆服务也需要不断推陈出新，应用新技术来提升服务质量和效率。例如，借助人工智能技术，可以更好地了解读者的需求和兴趣，提供更加精准的阅读推荐服务。同时，图书馆还需要关注社会和文化的发展趋势，及时调整服务方向，以满足读者的需求。

## （二）服务的指导性

服务的指导性需要以保障读者的阅读权益为前提，有意识地引导读者阅读积极向上、健康而有品位的书籍。图书馆可以通过推荐书单、开展阅读活动等方式，引导读者阅读更多的优质书籍，提高他们的阅读品位和阅读能力。同时，图书馆还需要建立完善的读者服务体系，提供多元化的阅读指导服务，以满足不同读者的需求。

## （三）服务的针对性

服务的针对性需要根据各种服务本身的特点、用户需求，调整工作的重心。例如，对于年轻读者，图书馆可以开展文学讲座、文学比赛等活动，激发他们的文学兴趣；对于学生群体，图书馆可以提供各类学科书籍和学习辅导材料，帮助他们提高学习成绩。通过针对性服务，图书馆可以更好地满足读者的需求，提升服务质量。

## （四）服务的创新性

服务的创新性需要加强对网络阅读的科学研究，进行服务创新。随着互联网技术的快速发展，图书馆需要将线上服务与线下服务有机结合，提供更加便捷的服务。例如，图书馆可以建立数字资源库，提供电子书籍、电子杂志等数字资源，为读者提供更丰富的阅读选择；同时，还可以开展线上阅读推荐、在线阅读会等活动，吸引更多年轻读者参与。通过不断探索新的服务模式和渠道，图书馆可以更好地适应现代社会的发展需求，提高服务的创新性和竞争力。

## （五）服务的大众性

服务的大众性需要开展全民阅读活动，鼓励更多的人阅读，共建文明城市。图书馆可以通过开展阅读推广、阅读义工等活动，引导更多人参与到阅读中来。例如，与社区、学校等合作，开展阅读推广活动，为更多人提供阅读机会和服务；组织阅读义工团队，为弱势群体提供阅读服务和帮助。通过开展全民阅读活动，图书馆可以更好地促进文化交流和知识传承，推动社会文明进步。

# 三、服务要求

随着人工智能时代的到来，图书馆服务也面临着不同的变革。在这个时代，读者对个性化需求和优质服务的期望越来越高，因此图书馆需要更新其服务理念，提高服务质量，以满足这些期望。为实现这一目标，图书馆应该拓展服务范围，利用现代信息技术提供多元化、快速、准确、精细的信息服务。通过与读者保持密切联系，改善读者与图书馆之间的关系，提高决策的透明度和服务的针对性。同时，创造一个有利于读者利用文献资源和进行信息交流的服务环境，使读者感受到尊重和关爱。

服务意识是提高图书馆服务质量的关键。在这个时代，设计合理的服务方式，适应不同读者群体的需求是极其重要的。尤其对于那些喜欢使用电子出版物的读者，更需要从各个角度提供适时优质的服务。对于超越传统的图书馆服务，人工智能技术可提供更为多元化的解决方案。通过人工智能技术中的信息检索、排序、分析等功能，图书馆可以将相关信息呈现给用户，实现个性化服务需求。

信息资源是图书馆的核心资源，利用这些资源，读者可以找到所需信息。图书馆可以在提供服务的前提下，加强与读者的沟通交流，通过在线咨询、协同搜索等方式，让服务更贴合读者的需求。读者参与其中，不断反馈自身需求，提出自己的需求与建议，图书馆更加精细化的服务就可以得到提升。

服务环境影响着图书馆的服务质量。无论是线上还是线下，图书馆的服务环境都需要保持好。在线上，保证网站操作简单、通俗易懂，同时加强网站界面的可视化设计能力。在线下，不断提升场馆、设备的质量，丰富馆内资源，为读者创造一个温馨舒适的阅读环境。这些措施都能使读者拥有良好的阅读体验，满足读者需求。

另外，图书馆还应该通过加强信息交流来提升服务质量；利用社交化技术，鼓励读者参与文献资源交流讨论，推进信息共享；同时，利用网络资源，扩大对不同读者群体服务的覆盖度，保证服务的可及性和针对性。这些都可以使图书馆更好地满足读者的需求，进一步提高图书馆服务质量。

总之，图书馆在人工智能技术的推动下，需要认真思考、深度反思，广泛地听取读者的声音、精益求精，以满足读者更高的需求，为服务注入更多的活力。

# 第二章　人工智能技术背景下的
# 图书馆文献服务

　　文献是图书馆赖以存在的基础。从古代的藏室到近代的图书馆，都承载着收集、保存人类文献信息和传播文化的功能。文献服务是根据读者需求提供馆藏文献的活动，是图书馆最基本的服务方式。电子文献的出现丰富了图书馆服务内容，人工智能技术的发展带来文献服务方式的变化。根据内容，图书馆文献服务可以区分为文献流通、文献传递阅读推广服务和数字资源服务等。

## 第一节　文献流通服务

### 一、文献流通服务内容

　　文献流通服务是根据读者的阅读需求，将图书馆馆藏文献直接提供给读者使用的服务活动，是图书馆最基本、最常见的服务方式。文献流通服务通常包括文献借阅、文献阅览、文献复制等服务。

### （一）文献借阅

　　文献借阅是将图书馆馆藏文献由持证读者借出馆外，进行自由阅读。

借阅的内容通常是馆藏原始文献。文献借阅根据借阅对象可以分为个人借阅、集体借阅。个人借阅是读者持证到图书馆借阅，是借阅的主要方式。这种借阅方式需要读者专门去图书馆进行借阅，虽然能让读者有较强的参与感，但需要耗费较多的时间和精力。集体借阅是以团体读者或单位部门读者为单位向图书馆借阅，一人借书，多人使用，可以节省大家时间，提高文献利用率，但需要一定的组织成本，而且依赖于集体组织，不方便随时查阅。

根据借阅方式，文献借阅可以分为直接借阅、预约借阅、馆际互借等。直接借阅是读者在书库查获所需图书后，在借阅设备借阅的方式。预约借阅是对已经借出或新到馆的文献采取预约借书的办法，保证读者在上架时首先借到。通常情况下，预约借阅的书目可以直接从服务台拿取，较大地方便了读者借阅。通过图书预约，读者可以较快获取自己所需借阅的图书。馆际互借是图书馆之间根据馆际互借制度、协议，相互利用对方馆藏以满足读者需求的外借方式。

根据借阅服务的提供方式，文献借阅可以分为闭架借阅、半开架借阅和开架借阅。闭架借阅是读者通过目录或馆员推介获得所需图书的方式。在闭架借阅方式下，读者依据目录难以了解书籍的全貌，所借图书有很大的盲目性，同时借阅手续烦琐，等候取书时间长，馆员的工作量也很大。在半开架借阅方式下，读者能观察排列在书架上的图书书脊，通过书脊选定图书再由馆员取下借给读者。这种借阅方式有一定的直观性，也可省去查找目录、填写索书单等手续，但空间利用率较低，也不便于图书排架。在开架借阅方式下，读者可以直接进入书库，通过翻阅图书内容自行选择所需图书。开架借阅是现代图书馆普遍采取的借阅方式，直观性强，选择余地大，给读者以充分自由的借阅空间。闭架借阅利于藏书的保护，重在收藏文献；开架借阅可以节省读者时间，便于藏书的使用。在图书馆服务中，普通图书采取开架借阅方式，可以提高藏书的利用率。对于珍贵特殊的文献资料，就需要采取闭架、半开架等以保护文献为主的服务方式。

## （二）文献阅览

文献阅览是图书馆重要的服务方式，是图书馆利用自身的空间设施，为读者提供文献和场所，供读者在馆内阅读的服务方式。读者通过阅览可以广泛查阅各种文献，查找一些事实或数据资料，阅览文献周转快，同一文献可以在较短时间内被多位读者利用。阅览室的设置，既可以根据藏书类型和学科门类随库设置，如科技阅览室、古籍阅览室、报刊阅览室等，也可根据读者对象来设置，如少儿阅览室、老人阅览室。不同阅览室可以根据服务内容，针对性采取不同形式，如古籍阅览室从保护古籍角度出发，可以采取闭架或半开架方式服务，老人阅览室可以专门配备放大镜、老花镜等服务设备，儿童阅览室可以采取开放空间等灵活的方式。文献阅览虽然限制了读者必须在图书馆指定的地点接受服务，但一方面，为读者提供了一个良好、浓厚的阅读环境和氛围，另一方面，对于一些特定、不便借阅的文献，如工具书、特种文献、地方文献、现期期刊、古籍善本、多媒体读物等，还是较为难以替代的服务方式。

## （三）文献复制

文献复制是图书馆为了方便读者获取所需的文献材料，满足他们的信息需求所提供的服务。这种服务通常会提供复制、扫描或打印文献的项目，以便读者在不离开图书馆的情况下获取所需的资料。文献复制服务的内容包括复印、扫描或打印书籍、期刊、报纸、文章、报告、论文、电子文献等各类资料。这些资料可能来自图书馆所收藏的文献资料，也可能是图书馆利用外部资源获取的文献。文献复制服务有时也会包括对文献材料的翻译、编辑和校对等服务。文献复制服务的作用非常强大，可以帮助读者快速获得所需的信息资料，提高信息检索效率，尤其是帮助读者解决由于时间紧迫或地理位置的限制而无法亲自到图书馆获取资料的问题。除此之外，文献复制服务还可以为学术研究提供支持。对于研究人员来说，通常需要查阅大量的文献资料来支持研究的课题，文献复制服务可以为他们提供更全面、更及时的信息支持。通过文献复制服务，研究人员可以快速地获取所需的文献资料，进一步提高研究效率和质量。随着互联网技术的快速发展，人们可以轻松地获取大量数字文献，但是一些传统的文献仍然只以纸质或微缩胶片等非数字形式存在，获得相对更为困难。同时，这些文献可能包含了许多珍贵的历史资料和学术研究成果。在这种情况下，文献复制服务便显得尤为重要，可以为读者提供更加全面和准确的信息资源，帮助他们更好地了解历史、文化和学术研究领域的知识。需要指出的是，图书馆在提供文献复制服务时，需要遵守版权法的规定，确保所提供的文献是合法、有授权的，不侵犯知识产权。此外，在复制文献时，也需要注意保护文献的原貌和完整性，确保所提供的文献内容与原始文献完全一致，避免出现信息损失或误差。

## 二、文献流通服务特点

### （一）多种形式相互补充

文献流通服务包括文献阅览、文献借阅和文献复制等内容。文献阅览和文献借阅的文献流通形式不同，但相互补充，以满足读者不同层次的需求。文献阅览为读者提供了一个良好的阅读环境，读者一方面可以在此培养阅读兴趣，督促自己阅读，另一方面可以阅读一些不便借阅的文献。但由于受图书馆开馆时间以及位置限制，读者接受服务的时间和空间是受限制的，造成极大的不便。文献借阅则借助外借的方法，使读者在一定时限内，可以自由阅读。读者在文献阅览时挑选到喜欢的书，可以通过借阅的方式，带回家继续阅读，弥补了文献阅览的不足。

### （二）简单直观氛围良好

无论是文献阅览还是借阅，读者均直接面对要阅读的原始文献，看得见、摸得着，非常直观。在开架阅览和借阅过程中，读者直接与文献接触，可以有效地刺激阅读欲望。阅览室中浓厚的阅读氛围也能激发读者的阅读兴趣，培养读者的阅读习惯，提高读者的阅读效果。

### （三）难以满足全部需求

由于文献流通服务紧紧围绕文献这个载体，受限于文献的品种、使用期限，对读者的借阅范围、阅览时限、借阅权限都或多或少有所限制。同时受限于文献的检索和获取方式等，文献流通服务难以满足读者的全部文献需求。

## 三、智能文献流通新发展

智能服务技术的发展，促进了图书馆服务方式与服务模式的改变，自助服务模式已经成为图书馆借阅服务的必然趋势。RFID 在图书馆流通服务中的应用已经彻底改变了图书馆的运作方式。RFID 技术其利用无线电波在书籍或其他物品上附着的标签和 RFID 阅读器之间传输信息，使图书和其他物品的签入和签出过程更加高效和准确。RFID 系统允许用户非接触式地借阅书籍，借书证被扫描并与书籍的 RFID 标签相连。这个过程比扫描每本书条形码的传统方法更快、更方便。

RFID 先进性体现在以下几个方面。

（1）图书馆内文献资料的准确跟踪和组织。RFID 技术可以提高馆藏管理的效率和准确性，使图书馆员能够快速、方便地找到资料。例如，RFID 标签可以贴在书籍和其他材料上，用 RFID 阅读器扫描，可以确定它们在图书馆内的位置。这可以帮助图书馆员迅速找到放错地方的文献资料，并确保资料被妥善组织。

（2）方便快捷的图书资料借阅与归还。RFID 技术可用于改善流通服务，使读者能够快速、方便地借出和归还资料。例如，可以在书籍和其他材料上贴上 RFID 标签，用 RFID 阅读器扫描，就可以借出和归还。这可以减少读者的等待时间，提高流通服务的整体效率。

（3）灵活有效的安全防盗措施。RFID 技术可以提高安全性，使图书馆员能够追踪资料的位置，防止未经授权的资料被带出图书馆。例如，可以在书籍和其他材料上贴上 RFID 标签，如果这些书籍和材料在没有正确借出的情况下被带出图书馆，就会触发警报。这可以帮助图书馆防止盗窃，并确保书籍和材料不被丢失或损坏。

（4）快速高效的典藏管理。利用 RFID 的非接触式自动识别，实现对图书的快速盘点，提高馆藏清点的效率。在图书剔旧工作中，利用系统中的年份、使用频率等信息，列出剔旧图书清单，用 RFID 盘点设备找出图书，达到精准剔旧。

总的来说，智能文献流通服务的应用改变了图书馆的运作方式，使其更加高效、便捷和人性化。

# 第二节　文献传递服务

## 一、文献传递服务内容

作为实体形态的图书馆，馆舍和馆藏都是有限的。为了解决读者多样性的文献需求与馆藏资源有限性的矛盾，需要借用多个馆藏的力量，于是出现馆际互借这种服务方式。开展馆际互借的主要内容是针对读者需要而本馆馆藏资源又没有收录的文献。在本馆读者有切实需求时，要根据现有的馆际互借制度、合作协议、借阅管理办法、有偿服务标准等，从其他图书馆借入；若其他图书馆向本馆提出文献借阅申请，也要按照相应的办法、标准、制度出借本馆文献，满足外馆读者的文献借阅需求。

文献传递是从馆际互借发展来的一种文献服务方式。文献传递内容是读者所需文献或者文献的复制品，可以是纸质的，也可以是电子等其他形式的。文献传递突破区域范围限制，可以根据用户需求在较短时间内将文献替代品以适当的方式与合理的价格直接或间接提供给用户，具有及时、便捷、高效的特点。在现代信息技术背景下，文献传递主要以计算机网络为基础，采用数字资源传输模式。这种模式虽然由馆际互借模式发展演变而成，但资源更多、成本更低、传递方便、时效性强，信息传递效率更高。由于互联网和智能技术的飞速发展，文献传递服务由传统的纸质资源馆际传递逐渐发展为基于数字资源形式的图书馆文献资源传递。

## 二、文献传递服务方式与主要机构

### （一）服务方式

文献传递服务在不同的国家和地区有不同的模式，主要包括集中式服务和分布式服务两种。

1. 集中式服务模式

集中式服务模式以提供服务的图书馆为中心，其他用户需要向中心图书馆进行文献传递申请。例如，英国图书馆文献提供中心（BLDSC）就是这种文献传递模式。英国图书馆文献提供服务中心面向全世界提供了4200余万的文献传递申请服务，基本凭借中心自己的海量馆藏满足用户需求。

2. 分布式服务模式

分布式服务模式，是由多个图书馆共同组成一个资源共享同盟，各个馆共同安装同一个馆际互借与文献传递系统，统一进行资源请求与分配。每个成员馆都可以随意向任何一个同盟成员馆提交资源请求，极大地增加了可获取资源的范围。实际工作中，图书馆通常采取多种模式共存并用的方式，提高资源获取效率。

## （二）主要机构

### 1. 国外机构

文献传递服务在世界范围内已经有了长足的发展，许多大型文献传递服务机构相继成立。英国图书馆文献提供中心成立于 1985 年，注册用户约 10 万个，分布于世界各地，每年提供上亿文献传递申请。美国联机计算机图书馆中心（OCLC）提供了联合编目和资源共享服务。截至 2010 年，全世界 100 多个国家和地区的 11000 多家图书馆、档案馆、博物馆和其他行业团体加入了此服务。该服务可以为用户提供文献申请服务并跟踪文献状态。

### 2. 国内机构

国内也成立了很多成熟的文献传递服务机构。例如，中国高等教育文献保障系统（China Academic Library & Information System，CALIS），是我国经国务院批准的高等教育公共服务体系之一。截至 2020 年，注册成员馆达到 1800 家，覆盖 31 个省（自治区、直辖市）和港澳地区，是全球最大的高校图书馆联盟。CALIS 文献传递服务网于 2004 年 6 月启动服务，基于所有成员馆的馆藏资源，面向全国高校读者提供馆际互借与文献传递服务。高校读者能够借助成员馆以方便、快捷的方式获取其他高校图书馆的丰富馆藏。中国高校人文社会科学文献中心（China Academic Humanities and Social Sciences Library，CASHL）组织具有学科优势、文献资源优势和服务条件优势的高等学校图书馆，有计划、有系统地引进国外人文社会科学期刊，借助现代化的服务手段，为全国高校的人文社会科学教学和科研提供高水平的文献保障。还有国家科技图书文献中心（NSTL）。文献传递服务是 NSTL 的一个主要服务项目，内容包括：文献检索、全文提供、网络版全文、目次浏览、目录查询等。根据用户的请求，文献传递服务以信函、电子邮件等方式提供全文服务。

## 三、智能文献传递新发展

### (一) 目前文献传递存在的问题

在当前的图书馆服务体系下，文献从登记、申请、审核、查找、批准、转交、物流、查收，到最后完成流通，流程较为复杂，主要存在以下几个问题：

(1) 效率低下。从流程来看，程序多导致待处理的文献传递请求过多，造成请求积压、传递迟缓。

(2) 存储困难。文献格式不仅包括传统的书本，还包括报纸、期刊，以及电子文档、音频、视频等。由于格式的多样化，在存储过程中，对跨馆文献传递的实时性也会带来挑战。

(3) 灵活性不够。对于知识产权不明确的保密论文或者内部项目等尚未公开的文献，文献传递方式还不支持其共享。

(4) 一致性差。以收费标准为例，不同的图书馆资费各不相同，收费依据以页码、篇章、时限等不同标准来制定。同时，不同图书馆的优惠政策也不同，对于普通用户、专业用户、内部用户都有不同的优惠措施。每个图书馆的资费处各不相同，从一定程度上制约了传统图书馆文献传递服务的效率。

### (二) 智能文献传递服务新发展

智能技术的发展深刻改变了图书馆的服务，将智能技术应用于文献传递，提高了文献传递的效率，改善了文献传递的服务效果。

1. 构建智能文献物流提高流通效率

在文献物流传递过程中，利用京东物流、顺丰物流等相似的智能化物流系统，对流通过程进行智能化管理。在文献流通的初始，利用 RFID 等传感器，为每本书都打上标签，以便追踪定位。在文献传递前，利用智能物流管理系统，根据文献位置、用户位置，结合交通、气候等多种其他因素综合考虑，为每份文献传递规划出最优物流方案。同时，和平时的快递一样，在文献传递过程中，读者可以通过智能物流平台追踪文献的状态。智能化的文献传递管理系统可以让读者像接收快递一样接受文献传递服务，让图书馆如发送快递一样方便地进行文献传递，极大节省了人力资源并提高了效率。

2. 通过智能支付提高文献流通结算效率

随着互联网金融的发展，越来越多的人选择了网络支付方式。现在人们出门几乎不带现金，大都使用手机扫码支付，甚至不需要用手机，直接刷脸支付。这些支付手段不再需要面对面进行，使得用户通过身份认证即可完成支付，既高效，又安全。此外，还可以像在网站上购物一样，用户通过第三方或者统一的支付平台，对文献流通的资费进行支付，提高了资费支付结算效率，可以从很大程度上解决文献传递时出现的效率低下和积压等根本问题。

# 第三节 阅读推广服务

联合国教科文组织在 1997 年发起了"阅读推广"（Reading Promotion）的活动。图书馆阅读推广服务是指图书馆提供的一系列有助于提高读者阅读能力、提升阅读兴趣的服务，其宗旨在于推广阅读，帮助读者更好地理解书籍中的内容，激发读者对书籍的兴趣，促进书籍的传播。图书馆专业的文献管理团队、丰富的馆藏资源、大量的多学科人才资源，是开展阅读推广的中坚力量。

## 一、阅读推广服务内容与特点

### （一）内容

阅读推广服务包括阅读推广和文献推广。阅读推广是面向大众推动阅读而进行的一系列活动，包括书籍讲解、阅读活动、讨论会等内容。

阅读推广具有三层含义：一是图书推荐，主要向读者推荐优秀的图书资源，如新书推荐、畅销书荐购等；二是激发兴趣，通过阅读推广活动，激发、提升读者大众的阅读兴趣；三是养成习惯，通过阅读推广活动，能够培养读者良好的阅读习惯，增强读者的阅读能力。2018年正式施行的《公共图书馆法》阐述了图书馆阅读推广活动的基本形式，即通过阅读指导、读书交流、演讲诵读、图书互换共享等活动推广全民阅读。具体而言，图书馆可以采取一些措施，比如，举办为读者提供书籍的会议、提供专业的书评和书籍介绍，以及为各个年龄段的读者提供专业阅读指导，让读者更好地理解书籍的内容。此外，图书馆还可以定期举办阅读活动，如阅读节、书籍讲座、读书社等，让读者在书籍的世界里感受乐趣；也可以建立起更多的读者和书籍之间的联系。

文献推广更加聚焦于专业人员，旨在利用技术手段改善研究环境的服务，其目的是在保持研究环境可靠性和完整性的同时提升可读性和可操作性，以便帮助科研人员更好地进行文献阅读和研究工作。

### （二）特点

文献阅读推广服务的特点主要有以下几个方面：第一，能够提供准确的文献信息，帮助科研人员更好地进行研究；第二，能够提高文献可读性，以更好地帮助科研人员理解和记忆文献内容；第三，能够实现文献可操作性，以便科研人员更好地利用文献内容；第四，能够进行文献数据分析，以帮助科研人员更好地把握学科文献研究动态和研究结果。

## 二、提高阅读推广服务质量的一般方法

### （一）广泛开展宣传推广活动

近年来，随着互联网的普及，人们的阅读习惯发生了很大的变化，但图书馆仍然是一个重要的阅读场所。为了推广阅读文化，图书馆需要广泛开展宣传推广活动。

1. 开展阅读推广活动

图书馆可以开展阅读推广活动，例如主题展览、读书分享会、阅读推荐等。可以针对不同年龄段的读者，推出不同主题的展览，吸引读者前来参观。这些活动可以线下方式组织，也可以线上方式组织。线下方式的优点是读者参与感高，可以提高参与人员的参与效果，但需要花费大量的时间和精力。线上方式方便快捷，只要有网络的地方就可以参与活动，但读者参与感不高，现场感不强。在组织时机上，可以采取定期组织与临时组织相结合的方式，利用阅读月、世界读书日等活动契机，广泛通过电子大屏、公告栏、广播、宣传单页、易拉宝等方式展开全方位的宣传。同时，还可以邀请知名作家或者学者来到图书馆举办读书分享会，和读者分享他们的阅读经验和感悟。此外，可以针对图书馆的藏书，推出一些阅读推荐，帮助读者更好地选择适合的阅读材料。

2. 通过新媒体渠道进行宣传推广

图书馆可以通过社交媒体等新媒体渠道进行宣传推广。图书馆需要开通并广泛传播微信公众号或者微博等公共账号，并且在微信、微博等平台上实时发布图书馆的活动信息，以吸引更多的读者关注。当读者想要了解任意一个图书馆的情况时，也可以通过搜索该图书馆的微信公众号或微博进行订阅。这样可以精准地了解到各个图书馆的历史情况和活动介绍，随时随地接收和了解新闻信息。图书馆还可以通过开设官方网站，将图书馆的藏书情况、活动信息等内容进行展示，方便读者查询和了解。

### 3. 开展互动性活动

图书馆还可以开展一些互动性较强的活动，吸引读者前来参与。比如，可以组织读书俱乐部，定期举办读书会，让读者在交流中提高阅读能力。此外，还可以举办一些阅读比赛、征文比赛等活动，通过竞赛的形式激发读者的阅读兴趣和热情。广泛开展宣传推广活动，可以吸引更多的读者前来借阅图书，提高阅读水平，丰富精神生活。

## （二）打造图书馆品牌

如何在多种多样的娱乐和知识获取方式竞争中脱颖而出，吸引更多的读者，打造图书馆品牌已经成为图书馆管理者必须面对的重要问题。打造图书馆品牌可以提高图书馆的知名度和影响力，吸引更多的读者进馆借阅，从而增加图书馆的借阅量，提高图书馆的竞争力和市场占有率。一个有品牌形象的图书馆，可以让读者印象深刻，提升忠诚度和归属感。品牌建设，可以让读者感受到图书馆的专业性和服务水平，提高信任度和满意度。

打造图书馆品牌的方法有如下几点。

### 1. 品牌定位

品牌定位是打造图书馆品牌的第一步。图书馆需要明确自己的定位和核心价值，以便在市场竞争中脱颖而出。品牌定位需要考虑到图书馆定位、读者需求、竞争对手等多个因素。图书馆在确定自身的定位时，应着重关注自身的核心价值，如"知识共享、文化传承"，并与读者需求相结合。

### 2. 品牌形象

品牌形象是打造图书馆品牌的核心。通过视觉形象、品牌名称、图书馆标志等方式，传递图书馆的特点和文化氛围，吸引目标用户的注意力。图书馆品牌形象需要与图书馆定位相一致，同时也需要具有独特性和吸引力。设计图书馆的标志和标识，制定统一的视觉形象和品牌名称，可以提高图书馆的辨识度和记忆度。

3. 品牌推广

品牌推广是打造图书馆品牌的重要手段。通过多种渠道和方式，如社交媒体、宣传活动、合作推广等，扩大图书馆的知名度和影响力。品牌推广需要根据目标用户的需求和习惯进行精准投放，同时也需要考虑到成本和效益的平衡。图书馆的品牌推广活动应类似全民类的主题阅读活动，服务范围应该涵盖城市、乡镇、田间地头等各个地方，最大限度提高推广的覆盖面。

4. 品牌管理

品牌管理是打造图书馆品牌的保障。建立品牌管理体系，制定品牌管理规范和标准，保持品牌形象的一致性和稳定性。同时，加强读者服务，提高读者满意度和忠诚度。

总之，打造图书馆品牌需要从品牌定位、品牌形象、品牌推广、品牌管理等多个方面入手，采取具体措施，不断优化与提升品牌形象和品牌价值。

## （三）提高服务质量，增强读者黏性

随着时代的发展，读者容易被各种各样的新鲜事物所吸引，特别是短视频等能给予及时反馈的新媒体，极大地冲击了传统的阅读市场。同时，随着信息时代的发展，信息获取难度越来越低。现在，读者在需要查阅文献资料时，可以直接使用互联网或者移动互联网，通过电脑或手机进行检索查询，效率远远高于去图书馆查阅书籍资料。另外，多数图书馆不注意举行自身的宣传活动，或者宣传推广活动力度不高、创新不够、效果不好，没能吸引读者。目前，很多图书馆都存在读者流失的现象，并且大部分读者对图书馆阅读推广服务质量满意度不高，在阅读桌椅、充电插座数量、图书馆藏的数量与质量等方面还难以让读者满意。甚至有部分读者认为，一些商业性的自习室、书吧、咖啡厅等场所比图书馆的阅读学习体验更好。因此，图书馆必须正视目前的情况，从自身服务着手，深入思考图书馆与读者之间的关系，重新建立与读者的联系，激发读者的阅读兴趣。

## （四）创新服务内容，保持图书馆吸引力

在信息时代变革下，各种各样新兴媒体层出不穷。各种传媒平台、传播媒介都在利用大数据分析、推荐系统等手段，精准分析受众群体的各类信息，弄清他们的背景、喜好，为每个用户推送定制化、个性化的服务内容。这些服务方式一方面给用户带来了较大的方便，很大程度地愉悦了用户，另一方面使传统的阅读陷入了鲜有人问津的尴尬情况。沉浸在这些新媒体中，用户只需要动动手指，就能获得大量密切相关的信息，服务效率远高于在书架上一本一本翻看书籍的传统阅读方式。面对这种情况，图书馆不能仅是提供纸质书籍借阅的场所，而应该广泛利用当今时代的新技术，创新服务内容，成为一个提供多种创新服务的场所，以此保持吸引力，更好地满足读者的需求。

（1）大力发展数字化资源服务。随着数字化时代的到来，图书馆需要提供更多的数字化资源，如电子书、在线期刊、数据库等，让读者在家中或者任何地方都能够获取，同时也可以提高图书馆的知名度。

（2）广泛推广社交媒体服务。图书馆可以通过社交媒体平台，如微博、微信等，与读者进行互动，通过发布图书馆的新闻、活动信息等，吸引更多的读者参与图书馆活动。

（3）创新活动服务。图书馆可以通过举办各种创新活动，如讲座、展览、读书会等，吸引更多的读者前来参加，也可以增加读者对图书馆的了解和认知。

（4）数字化学习服务。图书馆可以提供数字化学习服务，如在线课程、学习资源等，既帮助读者增强自己的学习能力，也可以提高读者对图书馆的认知度。

（5）智能化服务。图书馆可以通过智能化设备，如自动借还书机、智

能导航等，提高读者使用体验。这些设备既可以让读者更加方便地使用图书馆的资源，也可以提高图书馆服务的整体效率。

（6）联盟化服务。图书馆应该通过与当地或其他地方的公共部门、书店等，建立联盟关系，合理发挥区域内人力、物力和公共资源的作用，例如，建立图书馆与书店之间的合作。虽然图书馆可以为读者提供免费、自由阅读的空间，而书店重在出售书籍，但两者仍然可以建立合作。如图书馆可以与书店共同开发推荐购书平台，在最高借阅和最多销售数据的支持下，更好地、更有针对性地向读者用户推荐书籍。

## 三、阅读推广服务新发展

在人工智能时代的大背景下，图书馆应该根据时代发展，进行阅读推广活动创新。首先，针对阅读推广活动的内容进行改革创新。在主题设置方面，既可以根据学科类型区分阅读内容，也可以从阅读形式下手，通过游戏、音视频等新媒体方式进行改革创新。在阅读效果方面，可以通过分享会、读书会、短视频、思维导图等方式记录、分享阅读成果。图书馆要大胆变革阅读推广活动形式，发展多样化、创新型的活动方式，可以立足于自身实际情况开展多种形式的活动，多与人民群众喜闻乐见的活动相结合，将广大人民群众纳入阅读推广过程中来。其次，还应该对阅读推广媒介创新，广泛利用图书馆官网、微信平台公众号、二维码、微博、博客、抖音等各种形式宣传阅读推广活动。

随着文献阅读推广服务方式的不断发展，现在出现了诸多基于人工智能技术的文献阅读推广服务，如基于深度学习的文献摘要服务、基于自然语言处理技术的文献信息提取服务、基于计算机视觉技术的文献图像处理服务等。其中，基于深度学习的文献摘要服务可以通过对文献内容的深度学习，从文献中提取出关键信息，帮助科研人员快速了解文献内容；基于自然语言处理技术的文献信息提取服务可以帮助科研人员提取文献中的关键信息，从而更快、更好地进行研究；基于计算机视觉技术的文献图像处理服务可以帮助科研人员对文献图像进行处理，以便更加精准地把握文献内容。

# 第四节　数字资源服务

## 一、数字资源服务内容

数字资源是指以数字形式记录并通过多媒体载体形式来表达，分布式存储在互联网上各种类型资源的集合。现代信息技术改变了图书馆信息资源的传播手段和利用方式。数字资源是依靠计算机技术、通信技术和多媒体技术相互融合，形成以数字形式发布、存取和利用的信息资源总和，是网络时代图书馆文献资源的重要组成部分。

第十九次全国国民阅读调查结果显示，2021 年，我国成年国民包括书报刊和数字出版物在内的各种媒介的综合阅读率为 81.6%，其中数字化阅读方式（手机阅读、网络在线阅读、电子阅读器阅读、平板电脑阅读等）的接触率为 79.6%，较 2020 年的 79.4% 增长 0.2 个百分点。2021 年有 77.4% 的成年国民进行过手机阅读，71.6% 的成年国民进行过网络在线阅读，27.3% 的成年国民在电子阅读器上阅读，21.7% 的成年国民使用平板电脑进行数字化阅读。人均电子书阅读量为 3.30 本，高于 2020 年的 3.29 本。2021 年，30.5% 的成年国民倾向于在手机上阅读，8.4% 的成年国民倾向于在电子阅读器上阅读，6.6% 的成年国民倾向于网络在线阅读，7.4% 的成年国民倾向于听书，1.5% 的成年国民倾向于视频讲书。32.7% 的成年国民有听书习惯，使用移动有声 APP 平台听书的成年国民比例较高，为 17.9%，有 11.2% 的成年国民选择通过微信公众号或小程序听书，有10.8%的成年国民使用智能音箱听书，8.9%和5.7%的成年国民分别使用广播或有声阅读器或语音读书机听书。

数字资源种类繁复。最为常见的是电子书籍，这些书籍可以在电子设备上阅读，包括小说、教科书、杂志等。电子学术期刊是学术研究中不可或缺的数字资源之一，通常包括自然科学、社会科学、人文学科等领域的期刊。电子研究报告和白皮书是包含研究结果和建议的专业性文献，通常由政府机构、研究机构和咨询公司发布。开放教育资源是可以免费获取和使用的教育资源，包括课程材料、教学视频、在线教程等。数字档案是指数字化保存的历史文献、艺术品、音频和视频等文化遗产，如数字图书馆、数字博物馆等。数字艺术品是基于数字技术创建的艺术作品，如数字绘画、数字雕塑、虚拟现实等。开源软件是指可以免费获取和使用的软件，通常由开发者社区共同维护和更新。

数字资源是信息技术发展的产物，它的产生、发展和广泛应用给人们收集、存储、利用信息带来了极大的便利，具有存储形式多样化、资源数字化、可交流程度高、方便利用、内容丰富、载体容量大的特点。网络与计算机技术的快速发展，为数字资源的发展提供了丰富的土壤。数字资源凭借其查找方便、使用快捷，传播速度快，不受时间、空间、复本限制等传统纸质资源无可比拟的优势，逐渐成为现代图书馆文献资源建设的重点，很大程度上满足了读者对文献资源的需求，弥补了纸质文献资源的不足。因此，近年来，各类图书馆在保障纸质文献基本需求的前提下，逐步增加了对数字资源的采购投入。

## 二、目前图书馆数字资源服务存在的问题

### （一）资源建设不足

由于经费、供应等问题，目前各图书馆数字资源建设不足，具体表现在以下几个方面：

（1）种类不够全面。虽然数字资源的种类很多，但有些领域的资源较少，比如一些新兴学科或者较小众的学科领域，影响读者的研究和学习。

（2）数量不足。由于数字资源的收集和维护需要一定的成本和人力，一些图书馆数字资源的数量不足，不能满足读者的需求。

（3）更新不及时。由于数字资源的更新需要一定的时间和成本，一些数字资源的更新不及时，导致一些信息过时。

（4）质量不高。一些数字资源的质量不高，比如存在错漏、格式不规范、内容陈旧等问题，影响读者的使用体验和研究效果。

（5）版权问题。由于版权问题，一些数字资源无法被图书馆所获取和使用，给数字资源服务带来了一定的限制。

## （二）深度和广度建设不够

目前，对数字资源内容深度和广度的研究，以及对数字资源的挖掘和利用能力不足。具体表现在以下几个方面。

（1）内容深度不够。数字资源的内容只提供了基础信息，没有更深入的研究成果，影响读者的研究和学习。

（2）广度不足。数字资源的内容只涉及单个学科领域的信息，没有涉及其他学科领域的信息，严重影响读者的跨学科研究和学习。

（3）挖掘和利用能力不足。数字资源的挖掘和利用缺少智能搜索、数据分析等功能，影响读者的使用体验和研究效果。

（4）标准化程度不高。不同的数据库来自不同的供应商，彼此之间没有任何联系。对于拥有不同数据库的图书馆，因不同供应商提供的数据库标准不一样，资源之间的互操作性不足，给数字资源的管理和利用带来了一定的困难。

以上问题需要图书馆和数字资源供应商共同努力解决，以提高数字资源服务的质量和效率。

## （三）存在一定安全隐患

图书馆的数字资源建设中存在安全隐患是一个非常重要的问题，主要表现在以下几个方面：

（1）数据泄露风险。数字资源可能存在数据泄露风险，如黑客攻击、内部员工泄露等，导致数字资源的安全性受到威胁，例如，2021 年某公司的馆藏数字化平台的后台漏洞，导致用户的数字化图书被恶意下载，为数据安全敲响警钟。

（2）数据篡改风险。数字资源可能存在数据篡改风险，比如恶意攻击、病毒感染等，影响数字资源的完整性和可信度。

（3）数据丢失风险。数字资源可能存在数据丢失风险，比如硬件故障、自然灾害等，导致数字资源的可用性受到影响。

（4）版权和合规问题。数字资源的版权和合规问题也是数字资源建设中存在的安全隐患。一些数字资源的版权问题不明确，或者存在合规问题，给数字资源的使用和管理带来一定的困难。

## （四）缺乏推广推介

由于缺乏宣传意识，目前大多数图书馆并没有刻意地推广自身的数字资源，这会影响到数字资源的使用率和知名度。对于善于利用搜索引擎、信息获取能力较强、信息素养较高的群体而言，这并没有影响其对图书馆数字资源的使用效果。但对于对数字技术不敏感的老人等群体，影响较大。具体来说，包括以下几点不足：

（1）缺乏宣传推广。一些数字资源建设单位或图书馆没有进行足够的宣传推广，导致很多读者不知道这些数字资源的存在。

（2）推广方式单一。一些数字资源建设单位或图书馆只在官网上发布一些资源信息，缺乏多样化的推广方式。

（3）推广效果不佳。比如存在推广内容不够精准、推广方式不够合理等问题，导致推广效果不理想。

(4) 缺乏用户反馈机制。图书馆无法及时了解用户需求和反馈，影响数字资源的优化和推广。

## 三、智能数字资源服务新发展

人工智能技术的发展为图书馆数字资源服务提供了新的发展空间。图书馆和数字资源提供商可以利用人工智能技术来提高数字资源的管理和利用效率，提供更加智能化、个性化的数字资源服务，为读者提供更好的学习和研究体验。人工智能技术在图书馆数字资源服务中的应用主要体现在以下几个方面。

### (一) 智能搜索

利用自然语言处理、机器学习等人工智能技术，提高数字资源的搜索效率和准确度，根据用户的搜索历史和兴趣，为用户提供更加个性化的搜索结果。具体来说，可以利用自然语言处理技术，将用户的自然语言搜索语句转化为计算机可以理解的语言，提高搜索的准确度和效率；可以利用机器学习技术，分析用户的搜索历史和行为，为用户提供更加个性化的搜索结果，提高搜索的准确度和效率；可以利用智能搜索引擎优化技术，提高数字资源的搜索排名，使得用户可以更加方便地找到所需的数字资源。利用这些技术，智能搜索可以根据用户的搜索历史和兴趣，为用户提供更加个性化的搜索结果，提高搜索的准确度和效率，并为用户推荐符合其兴趣和需求的数字资源，提供更加个性化的数字资源服务。同时，通过分析用户的搜索历史和行为，为图书馆提供更加精细化的数字资源服务，提高数字资源的利用效率和质量。图书馆应该建立类似谷歌学术或者百度学术的智能专业搜索引擎。谷歌学术通过机器学习技术，分析用户的搜索历史和行为，为用户提供更加个性化的搜索结果，同时提供相关度排序、时间排序等不同的搜索选项，使得用户可以更加方便地找到所需的学术文献。百度学术以百度搜索引擎为支撑，根据用户偏好推荐相关热点和知识图谱，能深层挖掘用户研究需求。

## （二）数据分析

利用数据挖掘、机器学习、自然语言处理等人工智能技术进行用户行为分析、资源推荐、文献分析，分析数字资源的使用情况和读者的需求，为图书馆提供更加精细化的数字资源服务，提高数字资源的利用效率和质量。具体来说，通过对用户借阅记录、搜索记录等行为数据的分析，了解用户需求，有针对性优化数字资源服务，提高数字资源的使用效率，改善服务质量，从而提升用户满意度。例如，通过分析用户借阅记录，发现某些类别的书籍借阅次数较多，可以针对这些类别的书籍加强采购和推广；通过分析用户搜索记录，发现某些关键词搜索次数较多，可以优化搜索引擎的推荐算法，提高搜索结果的准确性。通过机器学习、推荐算法技术，对用户阅读行为的分析，推荐相似的书籍或文章，为用户提供个性化的阅读推荐服务，增加用户黏性，提升用户满意度。例如，通过分析用户的借阅记录和评分记录，构建用户模型，然后通过推荐算法为用户推荐相似的书籍或文章，提高用户的阅读体验。

利用自然语言处理、文本挖掘等技术，进行文献数据分析，了解研究领域的热点和趋势，为研究人员提供文献分析和挖掘服务，帮助研究人员了解研究领域的热点和趋势，提高研究效率和质量。例如，通过自然语言处理技术，对文献进行关键词提取和主题建模，挖掘文献的内容和意义，为研究人员提供更好的文献资源支持。同时，通过分析文献引用关系，构建文献引用网络，发现文献之间的关系和热点，帮助研究人员了解研究领域的动态和趋势。

## （三）聊天机器人

利用自然语言处理、机器学习等人工智能技术，通过对用户提问的语义和意图进行机器自动理解，实现图书馆聊天机器人的智能化服务，为读者提供 24 小时在线咨询服务。通过聊天机器人，用户可以自动获取图书馆的服务和资源信息，避免了烦琐的人工查询过程。不同于真人问答，聊天机器人可以快速回答用户的问题，提高数字资源的使用效率和用户满意度。同时，聊天机器人自动回答用户问题，减轻了图书馆员的工作负担，节省人力成本。例如，通过自然语言处理、机器学习和知识图谱等技术，图书馆可以构建一个聊天机器人系统，为用户提供自动化的咨询和查询服务。用户可以通过语音或文字向聊天机器人提问，聊天机器人会自动理解用户的语义和意图，并给出相应的回答。同时，聊天机器人还可以根据用户的阅读行为和偏好，为用户提供个性化的阅读推荐服务。聊天机器人系统可以提高数字资源的使用效率，节省图书馆员的时间，同时也为用户提供更好的服务和支持。

人工智能技术在图书馆数字资源服务中的应用将会提供更加智能化、个性化的数字资源服务，提高数字资源的利用效率和质量，为读者提供更好的学习和研究体验。

# 第三章 人工智能技术背景下的
# 图书馆信息服务

图书馆信息服务是围绕读者信息需求进行的服务。它具有很强的针对性、主动性、易用性、知识性、专业性和安全性，能够充分提高用户对图书馆信息服务的满意度。

## 第一节 智能参考咨询服务

参考咨询服务是图书馆对用户在文献利用、知识寻找和信息情报等方面提供参考帮助的服务。其实质是以包括多种文献在内的各类信息为主，通过个性化解答的方式，有针对性地向用户提供具体的信息、信息知识和信息途径的一项服务。

### 一、参考咨询服务内容

参考咨询服务早在 20 世纪初就在美国公共图书馆开展起来。《英国大百科全书》认为参考咨询是图书馆员在用户有信息需求的时候，充分利用图书馆藏来提供个别的帮助。美国图书馆协会编纂的《图书馆学术语辞典》认为参考咨询是图书馆直接帮助读者获得答案及利用馆藏资料以从事学习及研究。《中国大百科全书》中也对参考咨询进行了诠释，即图书馆员为读者在借助馆藏资料探求知识和信息的过程中充当辅助性功能的行动。总而言之，参考咨询是一种信息咨询，不仅是图书馆员为读者解决问题、提供实体文献和电子资源，而且是对文献和知识进行整理、剖析的综合活动。其服务内容十分丰富，主要有以下几方面：

（1）咨询问答服务。咨询问答服务是对读者提出的一般信息问题，通过馆员自身知识积累或检索工具，直接给予回答；或者向读者提供有效的检索工具或指南，间接解决问题。咨询问答服务是参考咨询的最初形式，也是最常见的服务内容。常见的咨询问答方式包括：口头、电话、邮件、小程序、APP、网站等方式。

（2）信息参考服务。信息参考服务是对读者提出的一些研究性问题，如某些专题研究、课题立项、查新查引或课题研究等，图书馆通过提供相关文献信息或相关索引，为读者提供相关的信息参考。由于这种服务不直接提供相关信息，也被称为"专题咨询"。

## 二、参考咨询服务方式

参考咨询以用户的信息需求为中心。目前参考咨询的服务方式主要可分为实时咨询与非实时咨询。

实时咨询是通过人工或其他方式直接与读者进行交流。这种方式互动性强，读者服务感受最好，但成本较高。目前实时咨询的主要方式有以下几种。

（1）面对面咨询。这是最传统的咨询方式，读者面对面向图书馆员进行咨询，获得服务，可以直接解决读者困惑或问题，是最为直接的咨询方式。但服务容量有限，同时需要读者前往图书馆，有一定的不便。

（2）网络咨询。随着网络技术的发展，各种实时网络咨询手段发展起来。网络咨询可以让读者远程接受图书馆人工咨询服务，极大地方便了读者。网络咨询手段主要包括聊天室咨询、即时通信咨询（包括微信咨询、QQ 咨询）等。聊天室咨询是指图书馆通过开设网络聊天室，用户登录后可以在聊天室进行的实时咨询。目前网络聊天室已经成为一种较为老旧的网络交流手段。即时通信咨询是指通过 QQ 等即时通信程序软件，用户可以获得图书馆提供的咨询服务，使用范围较广。

（3）视频会议咨询。通过腾讯视频、ZOOM 等视频会议软件，图书馆可以与读者建立可视、可交谈的交流环境，营造出面对面咨询的现场感和参与感。随着移动互联网、微信小程序等应用的发展，通过微信进行咨询服务也发展起来。通过微信程序，图书馆可以实现信息广播，即通过微信程序将新书通报、讲座活动公告、新闻通知等对读者进行广而告之，满足读者对即时性信息的需求。读者也可以通过微信小程序向图书馆进行直接咨询，获得个性化的咨询服务。

非实时咨询是指用户提问与图书馆回答非即时，主要包括电子邮件咨询、表单咨询、常用问题检索咨询等方式。其中电子邮件咨询是通过一个专门的电子邮件地址接收用户提交的问题，由相关工作人员以电子邮件的方式进行回答。表单咨询是在图书馆网页上设立专门的表单，通过填写咨询标题、咨询内容等选项进行咨询，图书馆也将问题回复通过表单直接反馈给用户。常用问题检索咨询是指图书馆根据长期咨询工作情况，统计选出用户经常咨询、一些较为普遍的问题，并将这些问题分类组织，列入问答知识库，供读者查询。

## 三、智能化参考咨询

随着人工智能技术的发展，智能咨询服务也发展起来。通过自然语言处理、机器学习、知识图谱、语音识别和合成等相关技术，可以实现语音交互和语音回答、文献或图书分类和聚类，提高用户体验和便利性。这里，最为重要的技术是智能自然语言处理技术，让机器能理解用户的自然语言输入，并将其转化为计算机可以处理的形式，再配合语音识别技术，实现语音交互和语音回答功能，让读者得到真人服务般的体验。

总体上来说，智能参考咨询服务工作主要包括以下几个方面：

（1）建立智能问答系统。图书馆通过引入自然语言处理技术，建设智能问答系统。该系统可以自动回答读者的问题，应该具备语义理解、知识表示、推理推断、信息检索等功能。

（2）培训知识库。图书馆将自己的知识库转化为机器可读的格式，然后通过机器学习算法不断优化，使得智能问答系统可以更好地理解和应对读者的问题。

（3）提供多渠道服务。图书馆通过多种渠道为读者提供服务，如通过网站、微信公众号、APP 等多种方式，让读者可以随时随地进行咨询。

（4）为读者提供个性化服务。通过查询读者的历史咨询记录和个人信息，智能问答系统可以为读者提供更加个性化的服务，例如，为读者推荐相关的图书文献、学科信息等。

（5）不断优化服务质量。通过不断收集读者反馈和评价，智能问答系统可以不断优化自身的算法和服务质量，提高服务效果。

智能参考咨询需要图书馆工作人员和技术人员共同参与，他们需要共同协作，不断完善智能问答系统和培训知识库，提高服务质量和效率。服务过程主要包括读者提出问题、智能问答系统自动回答、读者对回答进行评价反馈等环节。读者可以通过多种渠道提出问题，智能问答系统自动回答问题，如果读者对回答不满意，可以进行反馈评价，智能问答系统可以通过学习不断优化回答效果。服务效果主要表现在服务质量和效率方面。智能问答系统可以快速、准确地回答读者问题，为读者提供高效的参考咨询服务，同时也可以为图书馆节省人力资源和成本。

# 第二节　智能定题信息服务

定题信息服务是图书馆根据读者科研、项目或其他专题调研的信息需求，利用自身或其他资源，对相关主题信息进行收集整理，经过归纳提炼后，定期或不定期地提供给用户，协助用户完成相关课题或研究的信息服务过程。定题信息服务的对象主要是专业层次较高的用户群体，如高校科研人员、教学人员、工程技术人员、决策和管理人员等需要对某一专业领域深入研究的群体。对于普通读者而言，定题信息服务也可以起到专题阅读辅导的作用。对于研究人员而言，服务内容可以贯穿于课题选题、立项、开题、报告等科研活动的各个阶段。

## 一、定题信息服务内容

图书馆定题信息服务是指图书馆为研究者提供的一种以研究主题为中心的信息服务，旨在帮助研究者确定研究方向，搜集相关文献和资料，提高研究效率和成果质量。具体来说，图书馆定题信息服务可以包括以下内容。

（1）研究主题的初步探讨。图书馆通过与研究者的沟通，了解研究主题的背景、目的，研究对象等基础信息，帮助研究者明确研究的方向和目标。

（2）相关文献和资料的搜集。图书馆根据研究主题，为研究者提供相关的文献和资料，包括书籍、期刊、论文、报告、统计数据等，帮助研究者建立起对研究主题的全面认识。

（3）文献检索和筛选。图书馆可以为研究者提供文献检索服务，帮助研究者找到与研究主题相关的文献，并对文献进行筛选和评估，帮助研究者快速定位最有价值的文献。

（4）学术资源的推荐。图书馆可以根据研究主题，为研究者推荐相关的学术资源，如学术数据库、在线期刊、学术会议等，帮助研究者快速了解当前领域的最新研究进展。

通过图书馆定题信息服务，研究者可以快速准确地确定研究方向，搜集到相关的文献和资料，提高研究效率和成果质量。同时，这种服务也可以帮助图书馆更好地了解用户需求，优化馆藏资源，提高服务质量和用户满意度。通常情况下，高校图书馆提供定题信息服务较多；其他图书馆，特别是公共图书馆，通过与研究所等科研机构相互合作提供定题信息服务。此外，普通读者有专题研究需求时，也可向图书馆申请定题信息服务。

## 二、定题信息服务特点

定题信息服务作为一种知识性、专业性强的服务，有其自身的特点。

### （一）服务的专业性

图书馆定题信息服务主要是向各类专业人士提供专门的特定信息服务，具有很强的专业性。具体体现在以下几个方面。

（1）学科专业性。图书馆定题信息服务需要图书馆员具备一定的学科背景和专业知识，能够理解和分析研究主题涉及的学科领域和知识点，为研究者提供专业的信息服务。

（2）资源专业性。图书馆定题信息服务需要图书馆员熟悉图书馆的资源体系和馆藏资源，能够根据研究主题提供最为适合的资源和服务，如文献检索、资料推荐等。

（3）检索专业性。图书馆定题信息服务需要图书馆员具备信息检索专业知识和技能，能够利用各种检索工具和技术，为研究者提供高质量、高效率的检索服务。

（4）服务专业性。图书馆定题信息服务需要图书馆员具备服务意识和服务技能，能够与研究者进行有效沟通，理解研究者的需求和要求，提供个性化、专业化的服务。

## （二）服务的多样性

图书馆定题信息服务的多样性特点主要表现在以下几个方面：

（1）服务内容丰富。图书馆定题信息服务不仅包括文献检索、资料推荐等传统服务内容，而且包括研究主题的初步探讨、相关学术资源介绍、研究方法和工具介绍等内容，服务更加全面、多样化。

（2）服务形式多样。图书馆定题信息服务不仅通过传统的咨询服务形式，如电话、邮件、面对面等方式提供，而且可以通过在线交流平台、社交媒体等多种形式提供，服务更加便捷、灵活。

（3）服务对象广泛。图书馆定题信息服务不仅针对研究员和学者等专业人士，而且针对普通读者等各个群体，帮助他们解决各种问题，提高信息素养和学术素养。

（4）服务方式多样。图书馆定题信息服务不仅可以通过线上服务方式提供，而且可以通过线下讲座、培训等方式提供，服务方式更加多样、灵活。

（5）服务资源丰富。图书馆定题信息服务不仅可以利用自身的馆藏资源提供，而且可以利用外部资源和合作机构的资源，如知网、万方等数据库提供，服务资源更加丰富、全面。

## （三）服务的长久性

与很多一次性服务不同，定题信息服务是一种长期、持续的服务。其不仅服务于当前的研究者，还服务于未来的研究者，为他们提供持久的信息支持和服务。定题信息服务需要积累大量的馆藏资源、学术资源、服务经验等，这些资源的积累需要较长的时间和持续的投入，并且定题信息服务需要不断地维护和更新馆藏资源、学术资源、服务内容等，以适应不断变化的研究需求和信息环境，具有长期性和持续性。为此，图书馆需要与学术机构、出版社等机构建立长期合作机制，共同维护服务体系，共同推动服务发展，为长期性和持续性服务提供保障。

## 三、智能定题信息服务新发展

随着人工智能技术的发展，定题信息服务逐步从纯人工参与，发展到人工智能技术辅助，出现了智能搜索、文本处理等通用智能辅助手段。对于定题信息服务而言，最有价值的人工智能技术是知识图谱技术。知识图谱（Knowledge Graph）是人工智能的重要分支技术。它在 2012 年由谷歌提出，是结构化的语义知识库，用于以符号形式描述物理世界中的概念及其相互关系，其基本组成单位是"实体－关系－实体"三元组，以及实体及其相关属性——值对，实体间通过关系相互联结，构成网状的知识结构。浙江大学陈华钧教授对知识图谱的理解是：知识图谱旨在建模、识别、发现和推断事物、概念之间的复杂关系，是事物关系的可计算模型，已经被广泛应用于搜索引擎、智能问答、语言理解、视觉场景理解、决策分析等领域。[①]

### （一）基于知识图谱的定题信息服务优势

相较于传统的定题信息服务，基于知识图谱的定题信息服务具有以下优势。

1. 更加精准

一般的定题信息服务，主要使用传统搜索引擎进行相关资料的查找并通过人工进行整理。由于搜索引擎的发散特性，通常内容难以聚焦，需要大量人工筛选，服务的效率和效果都难以保障。在利用知识图谱进行定题信息服务时，可以直接提供相关事物的分类、属性和关系描述，搜索结果更加精准。

---

① 陈华钧，耿玉霞，叶志权，等."知识图谱＋深度学习"赋能内容安全 [J]. 信息安全研究，2019，5（11）：975－980.

2. 更加方便

利用知识图谱进行定题信息服务，省去了人工收集整理信息的环节，可以智能对话等更加方便快捷的方式进行服务。借助于知识图谱和自然语言处理技术，可以实现定题信息的智能问答，更加方便快捷地为读者服务。

3. 更加直观

对于需要定题信息服务的专业，不同来源的知识通过知识融合进行集成。通过知识图谱增强数据之间的关联，用户可以更加直观地对数据进行分析。

## （二）构建定题信息服务知识图谱的一般方法

构建知识图谱是一个迭代更新的过程，根据知识获取的逻辑，通常包括数据准备、知识抽取、知识建模、知识融合及知识推理。

1. 数据准备

建立一个知识图谱首先要获得数据。这些数据就是知识的来源，可以是表格、文本、数据库等。根据类型，数据可以分为结构化数据、非结构化数据和半结构化数据。结构化数据为表格、数据库等按照一定格式表示的数据，通常可以直接用来构建知识图谱。非结构化的数据为文本、音频、视频、图片等，需要进行信息抽取才能进一步建立知识图谱。半结构化数据是介于结构化和非结构化之间的一种数据，也需要进行信息抽取才能建立知识图谱。当拿到不同来源的数据时，需要对数据进行知识融合，也就是把代表相同概念的实体合并，将多个来源的数据集合并成一个数据集。这样就得到了最终的数据，在此基础上就可以建立相应的知识图谱。

2. 知识抽取

目前，结构化的数据是最主要的知识来源。针对结构化的数据，通常可以直接利用和转化，无须进行知识抽取，形成基础数据集，再利用知识图谱补全技术进一步扩展知识图谱。针对文本型数据这种非结构化数据，知识抽取的方式主要包括实体识别、关系抽取、属性抽取等。其中，实体识别指在一段文本中识别哪些词代表实体，并打上标签进行分类。知识抽取具体的方法包括基于特征模板的方法、基于核函数的监督学习方法、基于深度学习的方法等。

3. 知识建模

知识建模是基于行业的应用属性、知识特点、实际需求，依据知识图谱的模式进行业务抽象和业务建模，主要是实体定义、关系定义、属性定义。通常要求合理地进行业务概念划分，并采取在冗余度最低的条件下满足应用和可视化展示的实体、关系、属性信息的方式。

4. 知识融合

获取了实体、关系及属性信息后，需要对数据进行逻辑归属和错误过滤。这需要进行实体链接和知识合并，实体链接即通过给定的实体指称项，利用相似度计算进行实体消歧和共指消解。而知识合并则主要处理数与模式之间冲突。

5. 知识推理

在完成上述过程后，就可以对定题咨询的内容进行知识推理，最终形成知识图谱。知识图谱通过知识推理等技术能够获得新的知识，所以知识推理可以不断完善现有的知识图谱。

# 第三节　智能科技查新服务

科技查新产生于 20 世纪 80 年代中期，是图书馆为科研和其他研究提供服务的一种重要的形式。

## 一、科技查新服务内容

科技查新服务是以文献为基础，以文献检索和情报调研为手段，以检出结果为依据，通过综合分析，对查新项目的新颖性进行情报学审查的一项深层次的情报咨询工作。科技查新服务可以对科研工作起到倍增器的作用。使用这种服务，科研工作者可以实现以下几点：

（1）提高研究效率。科技查新服务可以为研究者提供快速、准确的文献检索和资料搜集服务，帮助研究者迅速获取最新的研究成果和研究动态，提高研究效率和成果质量。

（2）提升研究水平。科技查新服务可以为研究者提供最新的研究成果和研究动态，使得研究者能够及时了解和掌握前沿技术和研究进展，提升研究水平和科研竞争力。

（3）推动科技发展。科技查新服务通过前沿科学问题的引导，能提升科研创新能力，优化科技资源配置，推动科技发展。

对于图书馆而言，也可以实现以下几点：

（1）优化馆藏资源。科技查新服务可以帮助图书馆了解用户需求和研究动态，优化馆藏资源，提高馆藏资源的利用率和价值。

（2）提高服务水平。科技查新服务是图书馆为研究者提供的一项专业性信息服务，可以提高图书馆的服务水平和影响力，增强用户对图书馆的信任度和满意度。

## 二、科技查新服务流程与问题

通常情况下，科技查新服务的流程如下：第一，用户提出查新委托，向图书馆提供查新内容和基础的技术资料；第二，图书馆受理委托，了解用户需求，确定接受后签订查新合同；第三，图书馆根据用户提供的资料分析查新内容，制订检索策略，进行查新检索；第四，根据查新检索结果，对比用户项目文件，得出查新结论，拟制查新报告，经审核后向用户提交查新报告，并收取一定费用。

目前，图书馆开展查新服务还存在以下问题：

（1）服务普及率不高。查新服务需要查新员有较高的专业水准和较强的信息检索能力，同时图书馆拥有丰富的信息资源，截至 2021 年，31 个省级公共图书馆中仅有 14 个提供科技查新服务，开通率不足 50%。特别是我国中西部的公共图书馆，开通率远不如东部公共图书馆。在各高校图书馆中也存在这个现象。

（2）查新服务知名度低。目前很多科研人员、高校师生和普通读者并不知道科技查新服务的存在，在未经充分调研的情况下就进行相关项目，容易造成低水平重复研究。

（3）服务效果难以保证。由于查新员信息素养能力的差距、专业知识储备的不足和资源的有限性，查新报告的质量难以保证。

可以看出，科技查新服务目前自动化程度低，较为依赖查新员的专业素质，特别是信息检索能力和分析能力。

## 三、科技查新服务几点建议

### （一）开展联合查新服务，推进服务普及

针对公共图书馆科技查新服务整体推进缓慢、未成体系的现状，可以探索开展联合查新服务。随着网络技术、视频会议、在线协作等技术的发展，通过网络进行异地服务越来越普及，各地图书馆可以和国家图书馆、上海图书馆等具有较强科技查新服务能力的公共图书馆以及清华大学图书馆、北京大学图书馆等具有较强科技查新服务能力的高校图书馆建立联合查新服务模式。针对本地图书馆无法进行的科技查新服务，通过网络服务的形式，由具有较强科技查新服务能力的图书馆对读者进行服务，本地图书馆也可以学习查新技术、培养人才、锻炼业务。如此进一步推动更多公共图书馆将科技查新工作作为重要内容纳入信息服务范围，提升公共图书馆科技查新服务的覆盖面和影响力。

## （二）丰富信息保障，提升服务内容

科技查新的难点在于获取完备的信息，很多图书馆无法开展科技查新服务的主要原因就是没有丰富的馆藏资源和查新渠道。针对这个问题，图书馆应多措并举，从制度、机制、财务、项目、技术等各个方面，着力构建全面可靠的查新信息获取渠道。除了传统的购买数据库服务外，各图书馆可以通过专利信息同盟的方式，与其他图书馆或知识产权部门建立有效联系，确保在已有资金条件下，能够以较低成本最大限度满足科技查新工作的文献资源需求，尤其是标准、专利以及外文数据库的需求。

## （三）发展智能化科技查新

智能技术的发展，给智能科技查新带来了新的发展机遇。目前，智能科技查新主要采取"人在回路"模式。通过智能搜索和知识图谱技术，将需要查新的内容自动地进行主题分析，分析结果由专业人员判断，并形成报告。在此基础上，发展科技查新管理系统。该系统可以将查新机构的主要工作内容在网络环境下集成一体，提高查新管理工作的自动化和科学化水平；减轻查新工作人员的工作负荷并减少重复劳动，提高查新工作效率；方便查新用户，满足用户日益增长的查新需求。一些查新机构，如清华大学图书馆、浙江大学图书馆、苏州大学图书馆等均引进了不同的科技查新管理平台，有效地提高了工作效率。

# 第四节　信息技术资源服务

本文所述信息技术资源服务是指图书馆以现代信息技术为载体，为读者用户提供的资源服务，主要包括网站服务、数据库远程访问服务、云服务等。

## 一、图书馆网站和移动网站服务

进入信息时代以来，信息发布与交流越来越依赖于固定网络和移动网络。图书馆作为信息的生产者和信息服务的提供者，不可避免地需要提供网站与移动网站服务。这里网站和移动网站分别对应互联网和移动互联网，服务主体分别是门户网站和小程序、公众号等，服务对象分别是使用个人电脑等的互联网用户和使用手机、平板电脑等的移动互联网用户。相较而言，网站服务更加全面，而移动互联网更加方便快捷。

### （一）图书馆网站服务的内容

目前，大多数图书馆都拥有自己的门户网站，可以方便读者一站式地访问和利用图书馆的数字信息资源以及服务。图书馆门户网站将图书馆中异构的数字资源统一地整合到一起，有利于打破信息屏障，消除信息孤岛，构建良好的访问环境。用户通过鼠标、键盘或者点击屏幕就可实现图书馆资源的快速查寻定位与资源获取。

通常而言，门户网站主要包括以下四项功能。

（1）资源管理。包括图书馆纸质和数字资源的检索、数字资源的浏览和下载等内容。

（2）信息导航。旨在克服网络信息繁多复杂的缺点，按照读者的使用需要和习惯偏好，将各类信息搜集整理后，分门别类、系统有序地予以展示。通常包括以下三种信息导航服务：①专业搜索，与谷歌、百度、必应等通用搜索引擎不同，是针对图书馆资源数据的专业搜索，旨在对数字资源、图书资源进行精准搜索定位；②学科导航，是对图书馆拥有的纸本、电子等资源搜集加工整理后，以学科门类或者其他有规律可循的方式组织起来，供用户访问，这样可以极大地提高用户信息获取的效率和便捷度；

③其他导航服务，包括应用下载、链接导航等。

（3）宣传报道。通过网络的形式，对图书馆信息进行宣传。传统的图书馆宣传手段多有地域局限并且形式单一，如宣传海报、传单等，而网络则可以克服时间和地点的束缚，同时以声光电文等多媒体手段以多途径吸引读者。图书馆利用网络平台，既可以系统介绍图书馆概况、规章、制度，也可以宣传自身的活动或特色，让用户更好地了解图书馆。

（4）交流咨询。通过网络，建立图书馆与读者之间的沟通与交流平台，具体形式可以是 BBS 式的留言，可以是电子邮箱，也可以是 QQ、微信公众号、微信群等方式。

## （二）图书馆网站服务的特点

图书馆网站服务有以下几个特点。

（1）便利性。用户可以通过网站随时查询和使用图书馆资源，避免因时间和地点限制而造成的不便。

（2）可定制性。用户可以通过网站选择需要的图书馆服务和资源，提高了体验效果。

（3）实时性。网站信息可以随时更新，让用户获得最新的图书馆服务内容和资源信息。

（4）交互性。网站服务可以通过在线留言、反馈等方式与用户进行交互，提升了用户参与感并丰富了反馈机制。

（5）数字化。图书馆网站服务实现了数字化资源的访问和利用，使得用户能够更方便快捷地获取所需资源，并且不受时间和空间限制。

（6）个性化。通过用户注册和个人信息管理，图书馆网站可以为用户提供个性化的服务和资源推荐，满足用户的个性化需求。

（7）开放共享。网站服务可以帮助图书馆实现资源的开放共享，提高资源的利用率和使用效率。集成的网络免费资源也为用户提供了更加多元化的资源保障。

## 二、数据库的远程访问服务

数字时代，大部分的学术研究都依赖于图书馆电子资源。由于图书馆购置的商业数据库和自建的特色数据库及其他资源通常只对内部网络开放，用户通过外网远程访问这些资源存在一定的困难。为了解决这个问题，图书馆数据库远程访问服务应运而生并快速发展，出现了代理服务器服务、VPN 服务和 CARSI 服务等服务方式。代理服务器的功能是代理用户访问获取网络信息。通常，浏览器向代理服务器发起访问请求，由代理服务器获得请求信息并传送给浏览器，浏览器不用直接到 Web 服务器去取回网页。使用代理服务器是一种最基本的电子资源校外访问方式。常用的代理服务器软件有 WinGate、Squid、Netscape Proxy Server、Microsoft Proxy Server 等。由于用户的所有访问请求都经过代理服务器，容易加重代理服务器的负荷，引起网络瓶颈，影响用户使用效率。同时，代理服务类的软件普遍缺少严格的访问授权控制和访问跟踪统计功能。因此，本书主要介绍其他两种远程访问服务方式。

### （一）VPN 服务

VPN 代表"虚拟专用网络"（Virtual Private Network），是一种安全的远程访问网络的方法。VPN 可以通过互联网连接到远程网络，并使用加密和隧道技术来保护通信的安全。这意味着用户可以通过 VPN 连接到校园网络，以便远程访问图书馆资源。

1. 服务内容

随着图书馆数字化建设的推进，许多读者都有随时随地访问图书馆资源的需求。但对于许多图书馆资源而言，只有内部人员才能访问。通常情况下，图书馆依照 IP 地址对用户予以区分。对于需要经常出差，或者不在本地的内部用户，需要通过 VPN 技术，直接连入内网。在图书馆服务中，

VPN 技术有两种实现方式：一种是点到点 VPN，用于链接多个局域网，可以将不同地方的不同单位通过 VPN 技术虚拟地链接在一个内网中。另一种是远程访问 VPN，主要用于个人用户访问。图书馆 VPN 服务提供了远程访问图书馆资源的安全途径，允许用户通过互联网连接到校园网络，并以安全的方式访问图书馆数据库、电子期刊、电子书、音频和视频资源。

图书馆 VPN 服务的内容通常包括：①身份验证，用户必须使用自身图书馆账号或其他凭据进行身份验证，以证明其有权访问资源；②加密，VPN 链接通过加密通信以确保安全，这意味着所有数据在传输过程中都是加密的，无法被窃取或查看；③区域限制解除，一些资源可能受到地理位置的限制，通过 VPN 连接到校园网络可以解除这些限制。图书馆 VPN 服务对学生、教师和研究人员的影响是巨大的，使其在任何地方、任何时间都可以远程访问图书馆资源，从而方便了他们的学术研究和工作。此外，VPN 还可以加强网络安全，保护用户的个人信息和数据免受黑客攻击。

2. 图书馆 VPN 服务的特点

图书馆 VPN 服务的特点包括：①安全性，VPN 服务使用加密技术保证通信的安全性；②私密性，VPN 服务保护用户的隐私和数据安全，使用户的在线活动不受监视；③可访问性，VPN 服务允许用户在任何地方、任何时间访问图书馆资源，方便学术研究和工作。

3. 未来的发展趋势

随着互联网的快速发展，未来的 VPN 服务将继续发展和改进。一些未来的发展趋势包括：①更好的性能和速度，未来的 VPN 服务将会更加快速和高效，以使用户更快地访问图书馆资源；②更加易于使用和定制，未来的 VPN 服务将会更加易于使用和定制，以满足用户的特定需求和偏好；③更多的安全功能，未来的 VPN 服务将提供更多的安全功能，以保护用户的个人信息和数据安全。

## （二）CARSI 服务

CARSI 是基于中国教育和科研计算机网 CERNET 的联邦认证与资源共

享基础设施（CERNET Authentication and Resource Sharing Infrastructure），为已经建立校园网统一身份认证的高校和科研单位提供联邦认证和全球学术信息资源共享服务。我国基于 Shibboleth 化的 CARSI 联盟认证也已经与国外电子资源数据库实现了认证集成，支持联盟内高校用户通过实名认证访问这些电子资源。加入 CARSI 联盟的高校图书馆校外用户通过统一认证，最大限度地方便读者快速有效地访问校内电子资源。

截至 2023 年初，CARSI 已接入高校 700 所，共汇聚了约 96 个资源提供商的 231 款产品，为数据库的远程访问提供了一个很好的系统平台。

## 三、云服务

随着信息技术的快速发展和图书馆信息化建设的不断深入，图书馆云服务作为一种新型的信息服务模式正在逐渐兴起。图书馆云服务是指图书馆使用云计算技术，将自身的服务系统、数据、应用程序等信息资源通过云平台进行集中存储、管理和处理，向读者提供服务的模式。同时，图书馆也可以将自身的服务资源通过云平台向其他机构和个人提供。具体而言，图书馆云服务包括以下两个方面。

### （一）图书馆使用云服务

图书馆将自身的信息资源通过云平台进行集中存储和管理，提供数字化资源的访问和检索服务。通过云计算技术，图书馆可以快速处理大量数据和应用程序，提高数据处理效率和计算能力。同时，云服务提供商可以为图书馆提供弹性、可扩展的计算资源，满足图书馆不同阶段的需求。在实际应用中，图书馆可以采用的云服务内容包括以下几个方面：

（1）云存储服务。图书馆可以将数字化的文献、图片、音视频等信息资源上传到云存储平台，实现集中存储和管理。通过云存储平台，图书馆向用户提供数字化资源的高效和便捷访问服务。

（2）云计算服务。图书馆可以使用云计算服务来处理数据、应用程序等，提高数据处理能力和计算效率。

（3）云安全服务。数据备份是对图书馆系统与应用数据适时或定期的合理存储与保障。云服务提供商可以为图书馆提供数据备份、安全监测等服务，保证数据的安全性和完整性。

（4）云应用服务。云服务提供商可以为图书馆提供各种应用程序，如数字化阅读平台、数据分析平台等，丰富图书馆的服务内容和形式。

## （二）图书馆向用户提供云服务

图书馆可以利用自身的服务资源通过云平台向读者提供更加丰富、高效的服务。

### 1. 数字化资源管理服务

数字化资源管理服务是图书馆云服务的核心内容之一。数字化资源包括电子书、期刊、报纸、论文等数字化的图书馆资源。云服务提供商可以为图书馆提供数字化资源管理平台，将图书馆的数字化资源进行集中管理，实现数字化资源的存储、分类、检索和借阅等功能。同时，云服务提供商还可以为数字化资源提供安全性保障，如数据备份和恢复等措施，确保数字化资源的安全和稳定。

### 2. 数字化阅读服务

数字化阅读服务是图书馆使用云服务为用户提供的一种服务。通过云服务平台，读者可以随时随地访问图书馆的数字化资源，进行在线阅读和学术研究。数字化阅读服务具有以下特点：

（1）多平台支持。数字化阅读服务可以支持多种平台，包括 PC、手机、平板电脑等多种终端，让用户可以在不同的设备上随时随地进行在线阅读。

（2）多样化的数字化资源。数字化阅读服务可以为用户提供多样化的数字化资源，包括电子书、期刊、论文、报告等多种类型的文献。

（3）高效的数字化阅读体验。数字化阅读服务可以为用户提供高效的阅读体验，包括在线阅读、下载和打印等功能，让用户可以便捷地获取和利用数字化资源。

3. 数据分析和处理服务

数据分析和处理服务是图书馆使用云服务为用户提供的一种服务。通过云服务平台，图书馆可以为用户提供数据分析和处理服务，包括数据挖掘、统计分析、图表分析等多种功能。数据分析和处理服务具有以下特点：

（1）多样化的数据分析工具。数据分析和处理服务可以为用户提供多样化的数据分析工具，包括 R 语言、Python、SPSS 等多种工具，让用户可以选择最适合的工具进行数据分析和处理。

（2）多种数据源的支持。数据分析和处理服务可以支持多种数据源，包括数据库、文本文件、图片等多种类型的数据源，让用户可以方便地进行数据分析和处理。

（3）可视化分析功能。数据分析和处理服务可以为用户提供可视化分析功能，包括图表分析、报告生成等功能，让用户可以更加直观地了解数据分析结果。

4. 虚拟学术研讨会服务

图书馆可以为读者提供更加丰富的学术资源和学术交流平台，通过云平台提供虚拟学术研讨会服务。通过虚拟学术研讨会，读者可以与国内外的学术专家进行在线交流和讨论，提高学术研究的水平和质量。

5. 云端问答服务

通过云端问答服务，图书馆可以为读者提供更加高效、方便的咨询服务。读者可以通过云平台提交问题，图书馆的工作人员可以通过云平台进行快速、准确的回答，提高咨询服务的效率和质量。

## （三）未来发展趋势

随着信息技术的不断发展和图书馆工作需求的不断变化，图书馆云服务的未来发展趋势也会不断变化。未来，人工智能技术将成为图书馆云服务的重要组成部分。例如，人工智能可以用于图书馆的数据分析，帮助图书馆更好地了解读者的需求和借阅行为，从而更好地制订服务策略。同时，随着云计算和大数据技术的不断发展，图书馆云服务将变得更加高效和便捷。例如，云计算可以提供更大的存储空间和更快的数据处理速度，大数据技术可以帮助图书馆更好地管理和分析大量的图书馆数据。未来，图书馆之间的跨机构合作将越来越普遍，图书馆云服务也将更多涉及跨机构合作。例如，图书馆可以共享资源，共同开发服务，共同推广文化活动等。

# 第四章　人工智能技术背景下的
# 图书馆基础资源服务

图书馆基础资源服务，指利用图书馆基础资源，为读者提供的服务。通常来说，图书馆提供的所有服务都基于基础资源。但与前两章不同，前两章所述文献服务和信息服务，更多依靠文献、信息等软性基础资源，本章所述基础资源服务更多利用硬件等其他基础资源。随着社会和技术的发展，图书馆基础资源服务内容越来越丰富，种类越来越多样，其中作为图书馆核心职能的社会教育服务以及紧跟时代发展的创客空间服务越来越受到各级各类图书馆的重视。

## 第一节　社会教育服务

联合国教科文组织发布的《公共图书馆宣言（1994）》公共图书馆部分中明确指出，公共图书馆服务的核心应该与信息、扫盲、教育和文化密切相关，应支持个人和自学教育以及各级正规教育。这指明了教育服务是图书馆服务的核心内容之一。

# 一、社会教育服务相关概念

## （一）社会教育

《中国大百科全书》（第三版网络版）中明确提出：社会教育从广义上，指一切社会生活影响个人身心发展的教育；狭义上，指学校教育、家庭教育以外的一切社会文化机构、社会团体组织和其他形式的社会主体对其成员所进行的教育，是家庭教育和学校教育的延续和补充。社会教育面向全体人民群众，具有广泛的活动空间和社会影响，在教育体系中发挥着不可替代的重要作用。社会教育通常由一定的机构、群体和组织施行，如文化馆、少年宫、影院、博物馆、图书馆、广播、电视等各种机构与媒体。

## （二）图书馆教育功能

教育功能是图书馆基本功能之一，图书馆依托各类馆藏资源、信息数据和信息化手段，起到传播知识、促进人才成长和培养技能的作用。图书馆教育功能主要包括以下几方面。首先，通过文献服务，保障读者对馆藏资源、信息的获取，以文献流通和信息服务的方式为读者提供知识服务，读者可以借此学习科学文化知识，拓展知识领域，完善知识结构。其次，通过各种讲座展览、阅读教学和图书推广活动，培养人民群众，特别是青少年以及儿童的阅读兴趣。通过在少年儿童群体中开展阅读指导，培养少年儿童良好的阅读习惯，引导其掌握良好的读书方法；在中青年群体中通过各种学习教育活动，提升中青年的人文素养和文化品位，提高信息搜集和处理能力，塑造更成熟的思辨能力，促进人的全面发展；在老年群体中通过各种阅读分享活动，分享老人经验心得，传承优秀文化思想。再次，支持大众的科研创新工作，通过信息资源的提供与分享，以及学科馆员的定向服务为大众科研创新提供有力帮助。最后，通过网络远程教育，提高读者自学的主动性，最大程度共享文献资源。

## （三）图书馆社会教育

图书馆在各种社会教育机构中，处于举足轻重的位置。图书馆社会教育指图书馆利用自身资源，通过向读者提供图书、期刊、报纸等文献信息资料以及开班授课等方式，丰富大众知识，提高大众的文化素养。图书馆也是公众自学的场所，其丰富的藏书与学习环境为读者自主学习提供了良好的条件，读者可以针对工作、生活中遇到的问题自主进行学习。图书馆教育作为一种社会教育，对提高全民的科学文化水平、促进知识传播发挥着重大作用。从历史上看，古代图书馆主要承担保存人类文化典籍的职能，近代图书馆担负着社会教育的职能，到了现代，随着科学技术的迅速发展，图书馆的社会职能又不断细化。图书馆社会教育是从图书馆的社会职能中引出的概念，指各种类型图书馆利用丰富的资源和技术，传播知识和信息，以达到对读者进行教育和培养的目的，通过提高人的综合素质促进科学文化事业的发展。

# 二、社会教育服务内容

随着图书馆功能的扩展，图书馆社会教育服务内容也在不断丰富。图书馆利用自身文献、信息、环境、硬件等资源，为社会教育提供服务，按照不同分类标准，包括以下内容。

## （一）教育对象

图书馆在社会教育方面应建立面向全年龄段、全身份，满足不同群众需求的服务体系。从年龄上看，针对幼儿、少儿、青少年、中年、老年等不同年龄人群，提供不同教育服务，例如，针对幼儿的识字教育服务、针对少儿的阅读教育服务、针对青少年的实践教育服务、针对中青年的职业教育服务、针对老年的阅读休闲服务等。从身份上看，针对失业者、在职者等不同身份人群提供个性化教育服务，例如，针对失业者和求职者的求职教育、简历撰写教育服务，针对在职者的岗位提升教育服务等。

## （二）教育内容

图书馆社会教育的内容包括科学教育、人文教育、休闲教育等。

### 1. 科学教育

科学教育是对受教育者进行的，旨在促进其科学素养提升、科学思维培养以及科学知识应用的教育。其实质是对科学精神的培养，核心是对科学方法的掌握。美国教育家杜威（Dewey）说，科学教育的目的不是培养专业科学家，而是培养具有科学精神的公民。总之，科学教育是关于科学的教育。

科学教育的核心内容为物理、化学、生物、地理等，这些学科成果大都以实验数据的方式保存和流传。图书馆保存有丰富的实验数据，在科学教育方面有着先天的优势。这些教育资源以其严谨的逻辑、精确的数据和实验结果去感染和教育学生，对学生科学思维的培养和科学知识的掌握都能够起到潜移默化的作用。这种影响可以深入思维深处，让学生接受科学的启迪，从而对培养学生的科学素养、提高学生的科学探究能力和推动科学进步起到举足轻重的作用。

### 2. 人文教育

人文教育是对受教育者进行的，旨在促进其人性境界提升、理想人格塑造以及个人与社会价值实现的教育。其实质是人性教育，核心是涵养人文精神。俄国教育学家乌申斯基说，在教育中一切都应以教育者的人格为基础。总之，人文教育是关于成人的教育。人文教育的核心内容为文学、历史、哲学、艺术等，这些学科成果大都以文献典籍的方式保存和流传。

图书馆是人文教育的重要场所，拥有包罗古今的优秀典籍，在人文教育方面有着先天的优势。这些教育资源以其丰富的图、文、声、像等形式去感染和教育读者，对读者人格的塑造和培养都能够起到潜移默化的作用。此外，人文教育还包括各种文化活动，如文艺演出、展览、讲座等，这些活动以其丰富多彩的形式去感染和教育人们，对人们的人文素养和审美情趣的提升起到积极的作用。人文教育的目的是培养具有人文精神的公民，让人们具备高尚的情操、广博的知识和深厚的文化底蕴，从而为推动社会进步和促进人类文明的发展作出贡献。

3. 休闲教育

休闲教育是指在放松身心的同时，通过各种形式的活动和体验，提高个人的文化素养、审美情趣和生活品质的教育。其实质是人生态度的调整，核心是心灵的滋养。休闲教育是一种全新的教育方式，它不仅能够满足人们的娱乐需求，更能够提高人们的生活品质和幸福感。

休闲教育的核心内容为旅游、音乐、美食、手工艺等，大都以轻松愉悦的方式进行。旅游可以让人们领略不同的文化风情，增长见识；音乐可以让人们感受美妙的旋律，陶冶情操；美食可以让人们品尝各种美味佳肴，享受生活；手工艺可以让人们亲手制作各种艺术品，提高审美情趣。图书馆通过举办旅游、音乐美食节、手工 DIY 等活动以其轻松愉悦的方式去感染和教育人们，对促进人们的身心健康和提高生活品质都能够起到积极的作用。这种影响可以深入内心深处，让人们可以接受心灵的滋养，从而为提高个人文化素养、增强生活乐趣和促进社会和谐起到举足轻重的作用。

## （三）教育方式

图书馆利用多种方式提供社会教育服务，主要有利用图书馆场地的面授教育服务、利用网络课程的大规模开放式在线课程服务。其中，面授教育服务，通常利用图书馆场地，由图书馆专职、兼职或聘请的授课老师，为读者展开授课。这种教育方式的优点是读者参与度高，老师可以实时掌握读者学习状况，便于相互交流讨论。但服务人数有限，便利度较低。利用网络课程的 MOOC，是 2012 年兴起的一种全新的教育服务提供方式。2012 年，美国多所一流大学相继设计开发了网络学习平台，并在这些平台上共享了大量免费网络课程。传统意义上的网络公开课，仅仅是将名校名师的授课录像上传到网络上，没有讨论、联系和交互。MOOC 让用户可以通过网络加入课程教学的整个过程之中。用户可以通过这个学习平台完成整个学习过程，包括通过网络视频开展自学、与同一课程的其他学员通过线上方式讨论交流、通过网络进行习题练习、网上考试并自动评分。大部分 MOOC 平台还支持获取课程的结业证书。在 MOOC 平台上，易于注册、课程免费，并根据不同用户需要支持免费结业证书和收费的资格证书，学生不分年龄、国籍、学历背景均可以注册参与，互动性强，读者参与度高，极大地扩展了图书馆教育服务的服务范围和能力。截至 2021 年，国际上著名的 MOOC 平台有斯坦福大学创办的 Coursera、麻省理工学院和哈佛大学共同创建的 edX 和 Udacity，它们被称为 MOOC "三驾马车"。图书馆开设 MOOC 课程教育服务，主要有两种方式：一种是在已有 MOOC 平台上开设课程，好处是成本较低，可以利用现有的成熟平台，技术风险小；另一种是参照 MOOC 平台，设立一个自己的教育平台，好处是可以根据图书馆特点，自主设计、自主可控。

## 三、社会教育服务典型案例

### （一）美国纽约公共图书馆提供的社会教育服务

美国纽约公共图书馆（New York Public Library，NYPL）于 1895 年成立，是美国最大的公共图书馆系统，拥有超过 5500 万件馆藏。在成立之初，纽约公共图书馆确立的准则和使命之一就是服务公众社会教育，在面向公众提供教育服务方面有清晰的服务规划和运行机制，服务对象划分明确，服务内容和方式多样，为不同年龄层次的居民提供多种服务。其官网将服务客体划分为儿童与青少年、成人以及特殊人群，针对其不同需求开展定制化服务。

1. 儿童与青少年教育服务

儿童与青少年教育服务主要包括幼儿早期识字计划以及中小学生教育服务。

（1）幼儿早期识字计划，主要服务于0—5岁的儿童，通过鼓励父母每天和孩子一起阅读、谈话、唱歌、写字和游戏，开发儿童语言和阅读能力，增进亲子感情。主要服务内容包括：故事时间，为0—5岁婴幼儿及其父母开展阅读及讲故事活动；家庭识字讲习班，为家长提供指导和建议，教他们如何与孩子阅读，更好地为孩子上学作准备；免费下载儿童阅读资料，提供儿童阅读素材，拓展儿童阅读范围；提供有关儿童早期教育的馆外资源导航。

（2）中小学生教育服务，主要为中小学生提供放学后3个小时的个性化家庭作业辅导服务，开展教育计算机项目、科技工作项目，以及读书讲座、朗读和电影放映活动，并提供有关艺术、科技等电子书让学生阅读。这项服务的另一个好处是对于双职工家庭，解决了下班前孩子的教育问题，是学校教育和家庭教育的有益补充，为父母提供了极大的便利。此外，每年暑假，还会启动暑期阅读计划，在官网和各分馆发布为各年龄段的儿童和青少年提供阅读的活动，供家长和学生选择报名。

2. 成人教育服务

成人教育服务主要包括英语与成人识字教育、计算机教育、就职与发展教育。

（1）英语与成人识字教育，针对纽约移民多的特点，提供英语初级、中级、高级课程，帮助移民人口等各类人群提高英语沟通能力。学员无须报名，参加课程说明会后即可参与。课程分为三种：①英语非母语人士，为他们提供听说读写方面的培训；②成人基础英语，针对已经会说英语，但有意愿提高阅读和写作能力的成年人；③工作英语，针对想找工作或希望得到更好工作的中、高级英语需求人士。为提高英语应用能力，NYPL同时为英语非母语人士开设有英语会话课程，针对性练习时事政治、家庭生活、旅游度假等实用英语技能。

（2）计算机教育，主要为用户提供计算机技能培训，提供80多个免费技术课程，并通过提供一对一专家指导和独立练习时间确保训练效果。为方便用户学习，NYPL提供了课程材料、视频教程等一系列在线资源。计算机教育课程涵盖从初级到高级的所有内容，既有面向工作需求的培训，也有面向日常生活所需的培训。具体包括从智能手机到平板电脑的使用培训；面向学生和工作者的办公软件培训；图片编辑、视频制作的初级课程；计算机编程系列课程；针对50岁以上老人设计的课程，以帮助他们使用智能手机或者电脑参与网络；为特殊人群开设的特别课程，例如，教会盲人如何在线访问有声读物等。丰富的内容为用户提供了多种选择，几乎每个人都能找到适合自己的课程。

（3）就职与发展教育，旨在帮助成年人求职就业，主要内容包括：针对全体人员的求职和简历撰写课程，面授简历撰写方法、求职信撰写技巧、面试技巧等实用内容；针对大学生、移民等群体的网上求职课程，教授如何在线完成就业申请；针对求职者的求职讲习班，教授如何挖掘潜在就业市场、准备有效的简历和求职信、面试准备及技巧、服装搭配与肢体语言交流技巧、如何把拒绝变成机会等。

3. 特殊人群服务

特殊人群服务包括教育工作者服务和群体服务。

（1）教育工作者服务，主要为学前教育、各级各类中小学、托儿所、夏令营等部门的教育工作者以及家庭学校的家长提供专门教育卡，通过该卡可以获得更多图书馆资源和服务。持卡人享有的权益包括：最多可借阅100本书，书籍或有声读物不收取滞纳金；最多可申请参与50项活动；图书和有声读物借阅期可达60天；可访问数百个电子资源数据库，包括可下载的书籍、电影和音乐等。教师只需提供教育工作证明或者家庭教育身份证明就能在任何一家社区图书馆申请办卡。此外，NYPL 还与纽约市教育局等其他部门合作，扩大实用范围。

（2）群体服务，如果教师所在班级正在做一个特定的项目、探索某个主题或讲授某些特定知识，馆员可以为学生提供相关书籍借阅服务，帮助教师获取课程计划或在课堂上需要使用的图书资源和信息，安排学生参观图书馆等相关事宜。为了让教师充分了解这一服务，有专门的服务团队拜访各社区图书馆服务范围内的学校。除此之外，为教师提供的服务还有：举办与教学相关的特定活动、讲习班和研讨会；开设博客频道，重点介绍整个图书馆系统中为教师提供的机会和资源。

## （二）上海图书馆提供的"数字上海文化"网络学院远程教育

上海图书馆通过网络，开设了"数字上海文化"网络学院远程教育服务。该网络学院提供了上海文化、语言、历史、地理、人文艺术、自然科学等方面的丰富课程。课程涵盖从初中到高中甚至大学的各个年级和不同层次的知识点，还包括上海的历史文化、文物古迹、人文地理、旅游资源等方面的介绍和讲解。学生可以在网络上自由浏览和选择自己感兴趣的课程，并根据学习进度进行自主学习。课程设置为视频和文本相结合的形式，学生可以随时随地在线观看。在学习过程中，学生可以通过在线答题、练习等方式巩固所学知识，并获得相应的反馈和建议。该网络学院自2008 年推出以来，已经吸引了大量的学生参与，为数以万计的学生提供了方便、实用的在线学习体验。学生的反馈表明，他们通过该网络学院的远程教育课程获得了许多对今后学习和生活有用的知识和技能；同时，课程为他们打开了了解上海文化和历史的视角，增强了对本地文化的归属感和自豪感。此外，网络学院向社会传递了上海图书馆的文化、学术责任，增强了图书馆的社会影响力。这也彰显了图书馆在数字化时代的新角色和责任，拓展了图书馆服务的新领域，为图书馆数字化转型提供了可借鉴的经验。

## （三）国家图书馆提供的"掌上国图"移动数字图书馆

"掌上国图"移动数字图书馆是国家图书馆移动阅读平台，有资讯、文津经典诵读、资源阅读、专题展览、读者指南和国图文创等内容，提供丰富的电子图书、音像、电子杂志等数字化信息资源，内容涉及人文、社会科学、自然科学、医学、农业、文艺等各个领域，为公众提供了一个资源优质、随时随地随身的阅读殿堂。用户通过关注国家图书馆公众号或安装"国家数字图书馆"APP，就可免费下载和阅读国图数字化资源。"掌上国图"移动数字图书馆目录、书架、阅读等功能齐备，支持缩略图、互动笔记等特色功能，保证了资源的快速可及和便捷阅读。作为国家图书馆的数字化扩展服务，"掌上国图"自 2009 年推出以来，已实现对所有智能手机和平板电脑的覆盖，成为国内领先的数字移动图书馆之一。其具有以下显著的效果：

（1）无限制的使用。用户可以在任何地方、任何时间，采用任何方式访问、检索和阅读该馆的数字化资源。

（2）更广泛的受众。通过数字移动图书馆，北京图书馆把自己的资源推向全国，甚至全球，覆盖范围得以扩展，地域影响力显著提升。

（3）更广泛的服务。移动图书馆还结合读者的需求，通过信息服务、文化传承服务、知识服务等多种方式，为读者提供一系列全方位的服务，实现图书馆的多元化服务转型。

（4）高效的服务模式。数字化工具的使用，使得图书馆的资源利用率、服务效率得到提升，同时也为读者提供了更加灵活、个性化的服务模式。

（5）优美的阅读体验。移动图书馆在阅读功能的设计上，更加具有现代感和艺术美感。用户可以享受到类似于纸质图书的阅读体验，同时再结合更加智能化的交互、评论、分享等功能，加深阅读参与感和体验感。

数字移动图书馆，不仅提高了国家图书馆资源的服务效率，而且充分满足了读者日益增长的多样化信息需求和生活习惯，充分展现了图书馆数字化、智慧化发展的新面貌。

## 四、社会教育服务现状

图书馆社会教育服务作为社会公共文化事业的重要组成部分，在社会教育系统中充当着重要角色，起到主力军的作用。但从目前的发展情况来看，国内各级各类图书馆还存在制约图书馆社会教育服务发展的因素和情况。只有认清图书馆社会教育发挥的障碍因素，才能够有针对性地采取改进措施，进一步推动图书馆社会教育服务的发展。

### （一）公众对图书馆社会教育功能认知度低

目前，公众对图书馆社会教育功能的认知度整体较低，严重影响了图书馆社会教育功能的发挥。认知程度低主要体现在三个方面。

1. 全民阅读的氛围不浓厚

阅读是获取知识的主要途径之一，也是终身学习的基础。目前，我国公众利用图书馆获取知识的意识较为淡薄，全民阅读状况不容乐观。近 20 年的全国国民阅读调查结果显示，我国全民阅读率持续保持在 60% 以下。在技术高速发展、社会日新月异的今天，知识技能的迭代速度越来越快，这要求公众不断通过学习来更新自己的知识。在完成学校教育后，对于大部分公众而言，学习主要通过自主阅读来实现，通过在书本中学习新知识，实现自身科学文化知识的不断更新提高。由于公众缺乏利用图书馆的意识，加之自我购买图书的成本偏高，公众的阅读意识不强，阅读率低。同时，图书馆的低利用率又反过来削减了图书馆对培养民众阅读习惯的信心，对图书馆社会教育职能的发挥造成了较大的负面影响。

2. 阅读的深度不足

近 20 年的全国国民阅读调查结果显示，在成年人中，近 30% 的读者为了掌握实用技能而阅读。针对大学生购买、阅读图书倾向的调查统计显示，近 40% 的大学生购买的图书为电脑、外语等考试类参考书，还有近 30% 为玄幻、奇幻等小说类图书。在笔者所在的高校图书馆中，关于学生向图书馆推荐的购书种类，教辅考试类图书所占的比例近 70%。这表明公众的阅读取向呈现出功利性、实用性特点，阅读的高度功利性将导致公众更偏好于快餐阅读，在这种阅读状况下，很难培养人的思考能力、学习能力并实现知识的有效积累。

3. 公众对图书馆社会教育功能的认知度低

随着信息技术的发展，通过电视、广播、网络等各种媒体，公众可以掌握不断更新的知识和信息。特别是移动互联网的普及，使得公众可以方便地利用手机获得各种咨讯。公众的阅读逐渐被短视频、短文字等方式取代，例如，抖音视频通常 3—5 分钟，Twitter 消息强制限制 280 字。这些手段极大地方便了信息的获取，提供的大多为事实性的浅层信息，然而要适应时代发展对公众的新要求，需要提高自身的文化素养、知识水平、专业技能，仅仅依赖这些媒体远远不够，还要借助其他的社会教育工具。图书馆作为知识信息最为丰富的信息中心，加之公益性、开放性的本质，完全可以成为公众的免费学校。目前，公众却没有认识到这一点，许多群众认为图书馆仅仅是用来借阅图书的地点，对于图书馆提供教育服务、满足自身求知需要的功能缺乏认识。虽然近年来，在一、二线城市，利用图书馆的人数逐年增加，每逢寒暑假还会出现一座难求的情况，但在中小城市以及广大的农村，人们利用图书馆的意识不强。同时，目前图书馆的常用人群中，研究生入学和各种资格考试的备考者占了多数，更多的人将图书馆视作环境良好而又免费的自习室；对于经常利用图书馆的另一个群体——青少年而言，由于其繁重的学业压力，严重缺乏时间和意愿来进行自主阅读，更多的是将图书馆当作免费教辅资料库。由于公众对图书馆教育服务的忽视，图书馆许多类型丰富的教育活动开展后无人问津，严重影响了图书馆开展社会教育活动的积极性。

4. 对图书馆法的陌生阻碍了公众利用图书馆

2018 年，《公共图书馆法》正式实施。《公共图书馆法》总计 55 条，包含总则、设立、运行、服务、法律责任、附则六个部分。面向公共图书馆，建构了一系列基本制度，对公共图书馆的服务机制和服务条款作了明确规定。这些规定对于充分促进图书馆事业发展、发挥图书馆社会功能具有重要作用。但目前《公共图书馆法》的知名度还比较低，很多读者并不知道该法的存在，更不知道法律规定的具体内容，也很少懂得利用《公共图书馆法》去争取更好的图书馆服务。图书馆的服务精神和读者的权利意识都不强。对《公共图书馆法》的不了解，从读者和图书馆两个方面影响了社会教育服务的效果。一方面，读者在接受图书馆服务过程中对自身依法应该享有的权利没有意识，也难以自觉运用，更遑论监管督促图书馆提高服务效果。另一方面，图书馆也不能做到依法尽责，甚至有些土政策土规定，比如限制借阅权限、特定文献不开放等，阻碍了公众对图书馆资源的利用渠道。

## （二）图书馆社会教育水平不高

在人工智能大发展的背景下，国家之间的竞争更主要是科学技术水平的竞争，是创新力的竞争。创新是一个民族进步的灵魂，是国家文明发展的不竭动力，一个没有创新力的民族无法屹立于世界民族之林。创新是学习的产物，学习是创新的源泉。当今社会更加强调人的学习创新，这对整个教育体系提出了支撑创新的新要求。图书馆作为社会教育部门，为读者提供学习创新的教育服务成为其职责之一。但目前，多数图书馆的社会教育水平与支持学习创新的要求还有较大的差距，具体表现为：除少数大型图书馆外，大部分中小型图书馆受限于自身建设水平，能提供的社会教育服务水平较低。一是服务项目单一。一些图书馆只提供纸质书籍借阅，缺乏数字资源和多媒体学习设备的支持，难以适应当代读者的需求和多样化的信息服务模式，缺乏对读者有价值的服务项目。二是缺乏对教育类图书的采购。部分图书馆仍然坚持以文学、大众读物为主的购书思路，忽视了教育类、实用性强的图书的采购。这导致读者在图书馆中难以找到多样化的教育资源。三是缺乏专业的讲座和教育活动。首先，一些图书馆仅仅限于提供图书借阅服务，缺乏针对读者知识技能提升的讲座和教育活动，无法为读者提供更具深度的知识分享和文化服务。其次，缺少个性化服务。随着信息的膨胀、知识的增加，读者的信息需求越来越多样化。目前，部分大、中城市的图书馆，利用先进的信息技术探索了个性化的服务模式，提供虚拟参考咨询、网页定制、专属信息推送等个性化服务。这些需要大数据支持，有赖于数据挖掘、智能推荐等技术。但大部分小城市和农村的中小型图书馆技术能力有限，难以建成智能推荐系统，无法为用户提供精准的信息服务。

## （三）图书馆社会教育发展不均衡

改革开放后，随着国家经济的不断发展，东部沿海地区与中西部地区出现了发展不平衡的问题。东部地区的经济发展水平普遍高于中西部地区水平，中西部地区的财政、税收、硬件资源、人才资源等方面大都落后于东部地区。经济发展的地域性造成了图书馆社会教育在东西部发展的不均衡现象，主要体现在：一是东西部地区图书馆数量质量差距明显。图书馆数量是图书馆建设发展水平的重要指标。只有充足的图书馆数量，才能满足教育服务需求。然而由于经济发展的差异、财政投入的差别，东西部地区在图书馆数量上有较大的差距。中西部地区图书馆的数量与其人口数量、总体面积不对等，远远不能满足公众的教育需求。更为严重的是，西部地区大部分农村、乡镇没有图书馆，占西部人口80%的农民难以获取图书馆教育服务以提升自己的知识水平。图书馆数量的不足严重影响图书馆社会教育职能的发挥。二是受经费制约，西部地区的图书馆在购书经费上大都比较短缺，文献资源的缺乏和内容的陈旧严重影响了图书馆社会教育的发展。2020 年统计数据表明，东部地区的江苏、山东、浙江、广东各省藏书量平均为 7000 万册以上，而西部的青海、宁夏、新疆、西藏等省（自治区、直辖市），平均藏书量仅为 600 万册，在全国各省（自治区、直辖市）的藏书量排名中均排在靠后位置。三是各级各类图书馆社会教育发展不均衡，主要是城市与农村、大中小城市之间、高校与社区图书馆社会教育发展不均衡。国内农村图书馆的建设落后，很多农村没有图书馆，只是象征性地在村委会设置图书室，基本没有像样的服务，难以满足农村群众的信息需求。各级城市中的公共图书馆社会教育发展极不均衡。省级图书馆经费充足，资源丰富，内容结构也相对合理；而非省会市级图书馆的藏书数量较少，很难满足市民多样化的文献需求。各级图书馆为公众服务的规模差距明显，使大中小城市的市民在利用公共图书馆资源的过程中，获取知识的机会不均等，中小城市图书馆在保障全民学习的能力上还有待提高。

## 五、社会教育服务建议

### （一）加强顶层设计、做好发展规划

为了更好地发挥社会教育功能，图书馆应按照党中央、国务院的统一部署，根据需要，与时俱进。在作用定位上，图书馆应根据国家发展战略，以社会的发展总目标为指导，以图书馆实际为出发点，制定相应发展规划，从而开展相应的教育活动。每一项活动的筹划计划，都应该以规划为指引，以规划为中心。为了紧跟时代发展的步伐，应对外部环境的快速变化，图书馆需要研究确立最新的策略，应该指定专人负责发展规划或设立发展规划研究部门，结合实际情况，研究、制定适合本馆的发展策略。同时，要建立健全各级各类图书馆联合机制，让各个地方的图书馆形成合力，共同打造良好的社会教育服务平台。

## （二）重视宣传营销，吸引读者关注

在开展社会教育活动时，图书馆的主要服务对象是广大人民群众，目的是帮助人民群众提高知识素养，培养科学人文精神，提供休闲娱乐项目。图书馆所提供的各种优质特色服务正是引起社会关注、提升社会影响力的最佳途径，使得图书馆成为大家乐意前往的地方。但目前，随着社会娱乐休闲活动的日益增加，以及网络媒体流量效应的增强，图书馆面临读者日益流失的情况。面对这一困境，如何从网络流量和其他娱乐活动中吸引读者，是大多数图书馆面临的一大难题。在互联网时代，流量为王，吸引广大人民群众的注意力是提高图书馆知名度的重要方法，应该让宣传和营销的理念融入图书馆日常工作的点点滴滴。通过设立专门的宣传营销部门，了解读者需求痛点，设计营销活动，规划和控制整个营销过程。通过追踪读者需求、挖掘需求痛点，拟定宣传营销方案，筹划举办相关活动。

## （三）利用人工智能，提供个性服务

充分利用人工智能技术，针对每个读者的需求，开创人性化和定制化的服务。首先，利用智能数据技术建立图书馆读者数据库，利用智能挖掘技术，找到每一个读者的阅读需求和偏好，根据需求有针对性地利用智能推荐技术提供服务。图书馆在设计服务内容时，应该广泛听取读者意见，根据读者的需要和偏好进行取舍，重新规划布局。其次，图书馆还应该提供更全面的自助服务项目，提高工作效率，改善读者服务体验。

## （四）优化人员结构，增强馆员能力

图书馆人员素质能力直接关系教育服务的水平。提高馆员素质能力，主要从三个方面着手：一是严把入口。在人员招聘时，根据教育服务需要，优先招录图书馆学、档案学、情报学、计算机技术等相关专业毕业生或有相关经历的工作者。招聘时应提高对学历的要求，严把图书馆员入口关。二是加强在岗训练。图书馆应采取集中授课、联合培训、以工代训等方式，加强馆员在岗训练，提高馆员业务素质。三是鼓励自我提升。通过绩效评比、服务比赛等方式，及时对馆员工作及图书馆服务质量予以反馈，督促馆员提高服务质量。同时，精细化和专业化岗位设置，明确区分不同类型的馆员职责，使每个人都有自己职业规划和努力的方向，做到术业有专攻。

### （五）统筹利用资源，加强馆际合作

图书馆作为社会公共服务部门，应着眼全局，通过与其他部门合作，形成合力，提高教育服务水平。合作主要有两种形式：一种是不同图书馆之间的合作。各图书馆都有自己的馆藏，应通过馆际合作，共享资源，实现优势互补，这样既避免了重复购置和资源闲置带来的浪费，也解决了资源数量和读者信息需求过快增长与图书馆的空间和信息处理能力不足之间的矛盾。另一种是图书馆与其他公共部门合作，也称馆际外部合作。这里的其他公共部门包括学校、社区、博物馆、艺术馆、美术馆、少年宫等单位或部门，也包括企业、培训班等私营部门。比如，图书馆可以与学校、家庭、社区配合，通过开展亲子读书等活动，为青少年营造一个良好的校外阅读氛围。这样既能提高青少年的阅读能力，又能解决双职工家庭儿童教育问题，具有良好的社会效应。

## 第二节　创客空间服务

2015 年，国务院办公厅印发了《关于发展众创空间推进大众创新创业的指导意见》，推进大众创新创业，加快实施创新驱动发展战略，适应和引领经济发展新常态，顺应网络时代大众创业、万众创新的新趋势，加快

发展众创空间等新型创业服务平台，营造良好的创新创业生态环境。要加快构建众创空间，鼓励科技人员和大学生创业，充分利用大学科技园和高校、科研院所等部门的有利条件，为广大创新创业者构建低成本、便利化、全要素、开放式的众创空间。

图书馆作为知识学习、信息交流、科研创新的重要阵地，需要响应国家政策的号召，适应新形势、新需求，以培养创新人才为目标，打造以实体创客空间为载体、3D打印机等创新资源设备为依托、创客服务平台为支撑，服务于创客活动的创客空间。图书馆引入创客空间，提供创客服务，能够创新传统图书馆图书借阅、参考咨询、馆际互借与文献传递等信息服务方式，有利于构建良好的馆群关系，促进图书馆的转型。同时，图书馆创客空间能够为用户提供更多的自主选择，创新学习的机会，将具有不同专业背景但志趣相投的用户聚集起来，共享资源，分享创意想法，进行知识的有效碰撞，加速创意成果的转化，促进用户由知识消费者向知识创造者角色的转变。

## 一、创客空间相关概念

### （一）创客

创客指的是一群具有创新思维和制造能力的人，通常拥有强烈的热情和愿望去实现自己的创意和设计，并借助先进技术和工具创造出具有实际应用的产品或服务。维基百科对创客的定义是一群酷爱科技、热衷实践的人群，他们以分享技术、交流思想为乐。以创客为主体的社区则成了创客文化的载体。以往，制造和生产通常由大公司或机构进行，但现在随着互联网和数字化技术的发展，个人和小团队能够利用类似3D打印、激光切割以及开源硬件等工具，以相对低廉的成本创造出自己的产品或对现有产品进行改良。创客可以是各种领域的人，例如，软件工程师、产品设计师、电子工程师、手工艺者、艺术家等。他们的目标是成为独立、自主的技术创新者，以实现自己的梦想和创新，同时希望对社会和环境产生积极影响。创客的兴趣主要集中在以工程化为导向的主题上，例如电子、机械、机器人、3D 打印等，也包括相关工具的熟练使用，如 CNC、激光切割机等，还包括传统的金属加工、木工及艺术创作，诸如铸造、手工艺品等。他们善于挖掘新技术，鼓励创新与原型化，不单有想法，还有成型的作品，是"知行合一"的忠实实践者。他们注重在实践中学习新东西，并加以创造性地使用。

创客通常有着较强的知识管理能力，他们中的一部分人倾向于用线索式的邮件（如邮件列表）来管理个人事务。创客有着较为固定的群体，彼此熟识且有稳定的场所，线下聚会则是其活跃的主要方式。创客与其他人分享自己的研究成果或作品，同时尽可能地展示所有的技术细节。他们在交流中聆听建议，获取启发，整合来自不同知识领域的创意是其长处所在，所以通常的创客作品涉及很多跨界的合作，许多都是艺术、工程、电子等领域的整合。他们热衷于追求事物的本源，对物理、化学、天文等自然学科抱有极为浓厚的兴趣；他们乐于探索原理性的真相，"拆解"也是乐趣的来源之一。骇客空间、Makerspace 以及 TechShop 等都是创客经常聚集的线下场所。他们在这里举办研讨会（Workshop），带领新人进入社区，通过自由的黑客松（Hackathon）来发挥创意、训练彼此的默契。走出户外的创客制汇节（Maker Faire）、火人节（Burning Man）同样也是他们自我展示的盛大节日。

## （二）创客文化

创客文化是一种以创新和制造能力为核心的新型文化，它的产生与互联网和数字化技术的发展密不可分。创客依托于这些技术和硬件设备将自己的想法应用于现实世界，通过制造样机和推广产品来实现自己的创意和设计。这种文化强调实践与经验相结合的"做中学"理念，注重实现产品化推广，鼓励个体创新和小众需求的实现，以达到资源共享和技术创新的目的。创客文化是一种现代文化，与互联网、数字化技术、硬件设备等实体元素密切相关，不仅改变了以往封闭内向的系统，而且对于科技应用、产品和创造力等方面都具有重要意义。总的来说，创客文化是以互联网和数字化技术为依托，以创新和制造为主题，着重于个体创意和小众需求，并倡导分享资源和技术的新型文化。创客文化是一种亚文化，是在大众文化当中产生的变种文化。亚文化通常植根于有独特兴趣且抱有执着信念的人群，创客正是这样的一群人——他们酷爱科技，热衷亲自实践，并且坚信自己动手丰衣足食。创客文化是 DIY（自己动手做）文化的延伸，在其中糅合了技术元素。DIY 文化则是朋克理念与反消费主义的结合，朋克理念通常代表了反叛、反权威、个人主义和自由思维等，反消费主义是一种精神的追求和满足：自主设计，自我表达，亲手制作，绿色环保与合作分享。由此诞生的创客文化兼有两者的部分特点，它不认同随意消费，乐于在现有的资源下创造性地再利用。

创客文化是现代社会技术力量下的一种新型创造力量。创客文化的内涵包括了追求自由、分享、开放、智慧、协作、共享等方面，具有国际性、开放性、平等性、协作性和教育性等特点。其表现为 DIY、开源硬件、开放数据、移动开发、机器人等多种形式，倡导"自由、分享、开放、智慧、协作与制造"的文化精神。创客文化的特点包括以下几个方面。

（1）DIY 文化。创客文化注重个人的自由创造和自由思考，鼓励人们通过自己的实践和尝试，发挥自己的想象力和创造力。

（2）开源硬件。创客文化支持硬件的开放设计，鼓励分享硬件的设计图纸和实现方法，提供便利和促进创新。

（3）共享文化。创客文化倡导共享，人们可以共享自己的创意与作品，通过开源共享的方式快速迭代，带动整个行业的发展。

（4）社群合作。创客文化鼓励人们互相学习、交流、合作，希望通过这种方式形成开放的"生态系统"，构筑协作网。

（5）创新实践。创客文化注重"实践"，鼓励人们走出实验室或工作室，将自己的想法拿到社区和社群中去实践反馈。

创客文化的例子有：树莓派（Raspberry Pi）、Arduino、Makeblock、自行车修理自助服务、智能玩具 DIY、3D 打印、激光切割、无人机、机器人等。

## （三）创客空间

创客空间（Maker Space）是指提供给创客们进行创意制作、创新研究和科技探索的场所，目的是鼓励、支持和培养创客精神，促进创新创造和科技发展。创客空间通常拥有一系列的设备和工具，例如 3D 打印机、激光切割机、编程设备、电路板等，帮助创客们将想法转化为实际产品。同时，创客空间还提供了协作、分享和学习的机会，让创客们能够相互交流、学习和共享经验。

创客空间的内涵主要包括以下几个方面：

（1）创新教育。创客空间提供了新型的教育方式，通过创意制作和科技探索来培养创新意识和实践能力。

（2）开放性。创客空间通常具有开放性和共享性，任何人都可以自由地进入并使用设备和工具。

（3）互动性。创客空间提供了协作和交流的平台，让创客们能够相互交流、学习和共享经验。

（4）自主性。创客空间鼓励创客们自主创造和探索，不受传统教育体制的束缚。

创客空间可以分为学校、企业和社区三种类型。其中，学校创客空间主要为学生提供科技教育和实践机会；企业创客空间则主要为员工提供创新创造和研发平台；社区创客空间则是为广大群众提供开放性、共享性的社区创新实验室。举例来说，有以下几个有名的创客空间：①TechShop，全球领先的开放式工坊，提供全面的设备、工具和教育支持，致力于为创客们提供最佳的创客体验；②Maker Faire，由美国 Make 杂志社举办的全球性创客嘉年华，吸引了成千上万的创客和爱好者参加；③Fab Lab，是 MIT Media Lab 发起的创客空间，旨在为全球各地的人们提供先进的科技工具和资源，推动创新和发展；④创客汇，位于北京市海淀区的公共创客空间，提供了多种设备和工具，同时也开展了一系列的科技创新和创业活动，吸引了众多创客以及对创客文化感兴趣的人。

创客空间既可以是在空间上延伸的固定创客空间，也可以是独立建立的移动创客空间。与固定创客空间相比，移动创客空间具有以下优势。

（1）服务范围广泛。我国地域辽阔，由于经济、地理等因素，区域发展极不平衡。根据我国住房和城乡建设部、原国土资源部、原文化部批准发布的《公共图书馆建设用地指标》规定，大型图书馆以读者乘公交或骑车自行 60 分钟（含等候与换乘时间）可以到达为宜，其服务半径为 9 千米；中型图书馆以 30 分钟为宜，其服务半径为 6.5 千米；小型图书馆以 20 分钟可以到达为宜，其服务半径为 2.5 千米。如今社会生活节奏加快，人们期望得到更加便捷的图书馆服务，在馆址固定的情况下，开展创客空间。将创客空间的工具、设备以及服务送到用户家门口，使创客空间不受位置偏僻、交通不畅等因素的限制，最大限度地深入基层、贴近用户，让热衷于创造的人们可以随时发挥创造力，利用创客空间提供的现代化设备和工具，完成创新项目。创客空间极大地扩展了图书馆的有效服务半径。

（2）服务内容多样。固定创客空间通常地点固定、设施固定，其服务内容一般也是固定化、程式化的。移动创客空间则可以根据不同的主题、不同的用户，针对性地确定服务主题，既可以是针对硬件极客的设备提供服务，也可以是针对骇客的软件分享服务，服务内容更加多样灵活。

（3）建设成本低廉。固定创客空间可以直接构建，也可以在原有馆舍的基础上进行改造。但无论是直接构建还是改造，都需要宽敞的物理空间，购买大型化的专业设备，如激光切割机、焊接器、3D 打印机等，建设成本巨大。对于空间有限和资金短缺的中小型图书馆来说，建设固定创客空间成本过高，没有专项资金的支持，进行空间改造、开展创客服务面临很多阻碍。而移动创客空间具有移动灵活的特点，建设移动创客空间对物理空间和设备要求不高，大大降低了建设成本。

## （四）创客空间的基本要素

一个好的创客空间应该提供必要的设备和工具、知识和教育资源，具有开放性和共享性、创新文化、协作和社区性质、实践机会和成果展示等要素，以支持创客们的创意想法和创新实践，具体包括以下几个方面。

（1）设备和工具。创客空间必须要有足够的设备和工具，如3D打印机、激光切割机、电路板等，以支持创客们实现他们的创意想法。

（2）知识和教育资源。创客空间应该提供必要的知识和教育资源，如培训课程、工作坊、在线学习资料等，以帮助创客们学习和掌握相关技能和知识。

（3）开放性和共享性。创客空间应该具有开放性和共享性，即对任何人都开放，并且鼓励创客们相互交流、学习和分享经验。

（4）创新文化。创客空间应该建立一种创新文化，鼓励创客们思考、实验和创造，同时也需要提供相应的支持和资源。

（5）协作和社区性质。创客空间应该鼓励创客们相互协作和合作，共同完成更具挑战性的创意项目，同时也应该成为一个社区，让创客们能够相互交流和建立联系。

（6）实践机会和成果展示。创客空间应该提供足够的实践机会，让创客们能够将自己的想法转化为实际产品。同时，也应该提供成果展示的机会，让创客们能够展示他们的创意作品。

从建筑空间的角度看，创客空间通常包括以下几个要素。

（1）制作区。制作区是创客空间最核心的部分，通常包括各种工具和设备，以支持创客们实现他们的创意想法。制作区通常需要配备相应的材料和配件，以便创客们能够制作他们的作品。

（2）交流区。交流区是创客空间的另一个重要组成部分，通常是一个开放的空间，供创客们交流和互动。在交流区，创客们可以分享创意、技巧和经验，也可以组织一些讨论和活动，以激发更多的创意想法和合作机会。

（3）展示区。展示区是创客空间用于展示创客们作品和成果的地方。它通常包括一个展示柜或墙面，用于展示创客们的作品。展示区可以激励创客们更加努力地创造和创新，并向外界展示创客空间的成果和价值。

（4）储放区。储放区是创客空间用于储存设备、材料、工具和其他物品的地方。它通常需要保持整洁有序，以便创客们能够方便地获取和使用所需的设备和材料。储放区通常需要有相应的管理制度和安全措施，以确保设备和材料的安全和完整。

（5）办公区。办公区是创客空间用于管理和运营的地方。它通常包括一个管理和运营人员的办公室，用于管理和运营创客空间的日常工作，如活动策划、场地管理、资源调配等。办公区还可以提供一些额外的服务，如网络服务、图书馆、会议室等，以满足创客们的需求。

## 二、创客空间服务内容

开展创客空间服务有利于图书馆服务转型，提升服务内涵，拓展社会功能。创客空间的服务内容包括以下几个方面。

1. 硬件资源服务

（1）场地提供。创客空间通常对社会免费开放，以供创客进行创作活动或其他活动使用。

（2）设备和工具租赁。创客空间通常会提供各种制造设备和工具。

2. 软件资源服务

（1）培训和指导。创客空间可以提供各种培训和指导服务，以帮助创客们学习和掌握各种制作技能和知识。这些培训和指导服务包括课程、工作坊、讲座等形式。

（2）活动和竞赛。创客空间通常会组织各种活动和竞赛，以激励创客们更加努力地创新和创造。这些活动和竞赛包括创意设计、技能比赛、科技竞赛等。

（3）资源共享。创客空间可以提供资源共享服务，如图书馆馆藏、开放数据集、知识库等，以帮助创客们更好地获取所需的资源和信息。

（4）创意孵化。创客空间可以提供创意孵化服务，以帮助创客们将创意转化为商业实践。这些服务包括商业咨询、技术支持、融资支持等。

总之，创客空间的服务内容涵盖各个方面，以支持创客们的创新和创造，同时也为社区和经济发展提供了重要的支持，起到了巨大的推动作用。

## 三、创客空间服务典型案例

2011 年，第一个图书馆创客空间诞生于美国纽约州北部的法耶特维尔公共图书馆，该图书馆首次向用户提供 3D 打印等创客服务，由此揭开了图书馆创客空间服务的序幕。自此以后，图书馆创客空间服务在全世界生根发芽。

### （一）美国克利夫兰公共图书馆创客空间

克利夫兰公共图书馆（Cleveland Public Library，CPL）成立于 1869 年，是美国三大公共图书馆系统之一，有 1 个主馆和 27 个分馆。2012 年 CPL 建成了鼓励人们分享知识和经验的科技中心 TechCentral，2014 年 TechCentral 创客空间对外开放，2016 年，建成移动式创客空间，采取流动的方式为各分馆和社区提供服务。TechCentral 创客空间由 CPL 自行投资建设，其资金来源 50% 由市政府拨款，40% 由州政府拨款，5% 由政府间援助，5% 为其他收入。

TechCentral 开放时间为美国时间周一至周六，上午 10：00 至下午 6：00，主要包括计算机区、工作区、讨论区。计算机区配备 90 台电脑。

所有计算机均安装配备了微软操作系统、微软 Office 软件、WinWay 简历创建器和快速打字导师，还提供配备 Jaws、ZoomText 软件和索伦森视频中继服务。整个主图书馆都提供无线上网接入服务，而电源插座则位于整个技术中心，非常方便。工作区配备了大量工具，主要包括激光雕刻设备与软件、3D 打印设备及软件、切割设备及软件、影视音乐制作软件等。其中主要工具包括 60w 和 40w 迷你激光雕刻机各 1 台，以及配套的 CorelDRAW 图形工作软件；MakerBot Replicator 2、MakerGear M2 3D 打印机各 1 台，3D 扫描仪 1 台以及 MakerWare 与 Simplify3D 打印切片软件；Roland GX - 24 乙烯基切割机、Roland Versa STUDIO BN - 20 打印切割机、各种乙烯标值制作工具；T 恤热压机。多媒体工具包括 Wacom 直觉创意工具、Adobe 创意套件、图像编辑软件 Corel PHOTO - PAINT、视频编辑软件等。还有包括 M - Audio Oxygen 25 USB MIDI 键盘、吉他、低音吉他、Korg Monotron 合成器等各类模拟合成器在内的乐器。TechCentral 的机器可以免费使用，但 3D 打印、激光雕刻、乙烯基切割等耗材需要支付基本材料费用。

TechCentral 创客空间是开放性的空间，除了 CPL 的持卡读者可以免费使用外，俄亥俄州东北部 44 个图书馆系统组成的克利夫兰网络图书馆联盟所有成员馆的持卡读者也可以使用该空间。创客空间面向 13 岁及以上用户开放，13 岁以下用户需由成年人陪同方可进入。

每个月 TechCentral 提供 4 次 1 个小时的免费培训课程，帮助用户学习空间设备和工具的使用方法。课程时间为美国时间每周一上午 11：00 到 12：00，用户可直接参加。课程内容为每个月第一个周一，激光雕刻基础；第二个周一，3D 打印基础；第三个周一，印制和切割乙烯标记；第四个周一，乙烯基 T 恤设计与印制。

此外，TechCentral 还开设有动手与创意编程实验室，开设了大量动手实操类的课程与实践，包括 3D 实验室：无须具有 3D 打印经验，用户即可学习如何使用 3D 打印机创建自己独特的饼干模型；制作电子电路：学习电子学、集成电路等基础知识，尝试用开关电路套件创建电路板项目；制作触摸屏兼容手套：将自己的手套制作成可以使用触摸屏的手套，极大地方便了手套在冬天的使用；管道胶带的世界：探索管道胶带制作日常生活中的物品；密码、达·芬奇和007：从第二次世界大战时图灵机破解英格码开始，向用户介绍代码和密码的基础知识，并教会他们制作简单的代码和密码，实现安全上网；激光雕刻相片：无须具有摄影和雕刻经验，用户即可学会将自己的照片雕刻在木方上；规划你的空间：学会使用免费的在线设计软件规划家、办公室和其他空间，了解室内设计的基础知识，包括房间布局、色彩选择，并能独立绘制平面图；以及创建自己的虚拟摇滚乐队和乐器制作等大量课程。

除了上述活动，TechCentral 每年举办一次克利夫兰迷你创客节。第一届创客节吸引了近 2000 人参加，包括 52 名创客。活动涵盖了艺术、手工艺、工程、音乐、科学、技术以及 DIY，拥有不同技能的当地人分享他们的知识和项目，参观者有机会与不同的发明家见面，学习如何使用各种工具。这项活动对所有年龄段的人都有强烈的吸引力，成功地吸引了更多的家庭来到图书馆。第二届创客节吸引了 4000 多人和 100 多位演讲者进行展示。

## （二）北京市图书馆创新空间

北京市图书馆创客空间作为中国图书馆创客空间的典型代表，具有丰富的服务内容和创新创造的功能。它为创客们提供了一个自由、开放的实体空间，同时也为社区和经济发展提供了重要的支持和保障。

北京市图书馆创客空间占地面积约 600 平方米，设有制作区、电子区、机械区、材料区、展示区、学习区等功能区域，为创客提供了一个开放、自由的创新创造场所。该创客空间提供了各种先进的制作工具和设备，如3D 打印机、激光切割机、CNC 机床、电子设备等。这些设备和工具部分免费、部分收费，面向公众开放使用，公众只要预约就可使用，可以帮助创客们更好地实现他们的创意想法。创客空间还提供了大量的资源共享服务，如技术文献、开放数据集、知识库等。创客空间为创客和大众提供创意孵化服务；通过与科技企业和投资机构合作，为创客们提供商业咨询、技术支持、融资支持等服务，帮助他们将创意转化为商业实践。此外，该创客空间还提供各种培训和指导服务，如机械加工、电子制作、编程等课程和工作坊，此外，还邀请了各领域的专业人士和导师，为创客们提供指导和支持。为丰富创客活动，该创客空间不仅定期组织各种创客活动和展览，而且积极参与国内外的多个创新竞赛，如"红点设计大奖""首都文化创新奖"等。这些活动和竞赛激励着创客们不断创新和探索。

## 四、创客空间服务现状

### （一）社会认识程度不足

在美国等西方发达国家，图书馆创客空间服务开展较早，至今已形成成熟的构建与服务理论。经过实践建设和服务的开展，现已得到社会各界的认可，用户群体广泛，服务范围扩大，创客空间也得到发展，不同类型图书馆纷纷尝试开展创客空间服务，服务反馈良好。但在我国，创客空间文化尚未普及，更是处于理论研究和理念宣传阶段，社会认识程度不足。社会上多数用户不够了解创客空间，对创客知识、创客活动了解不足，对自己的创新需求也没有准确的认识，更没有尝试过创客空间服务。同时，图书馆工作人员素质不够。开展创客空间服务，要求工作人员具备创新意识，掌握专业的数字制造技能，可以正确、灵活地使用创新工具，保障用户安全。这对图书馆工作人员的素质提出了更高的挑战。但目前国内缺乏专业的技术人员对工作人员进行培训。

### （二）建设资金缺乏

图书馆开展创客空间服务不仅需要设备和材料方面的建设，更需要技术和人员的投资。移动服务车、3D 打印机、各种创新工具等高新技术设备是图书馆开展创客空间服务的基础，高效安全的移动服务车、先进全面的创新设备可以为创新用户提供更快捷、丰富的创客服务。服务馆员和创新技术是图书馆开展创客空间的保障，具有专业水平的创客空间服务人员、先进的创新技术可以提高创客空间的服务水平，让创客空间持续发展。目前，公共图书馆的主要经费来源是财政拨款，受政府政策的影响较大。如何获得足够的资金以保障创客空间的建设和正常运行，是公共图书馆开展创客空间需要面临的问题。

### （三）专业指导人员不足

图书馆创客空间专业指导人员不足是一个普遍存在的问题，其中有多方面的原因。首先，由于创客空间的服务内容和设备工具种类非常丰富，涉及的领域也非常广泛，因此需要专业指导人员掌握多种技能和知识，如机械制造、电子设计、编程等。然而，这些专业技能需要较长的学习和实践时间，因此专业指导人员的培养需要耗费大量的时间和资源。其次，由于创客空间的服务对象不仅仅是专业的科研人员和工程师，还包括广大的公众和学生群体，因此需要专业指导人员具有较强的社会工作能力，能够进行多样化的服务和指导，满足不同人群的需求。这也需要专业指导人员具备较强的综合素质和人际交往能力。最后，创客空间的运营和管理需要大量的人力和物力投入，因此为了降低成本，一些创客空间可能会缺乏足够的专业指导人员，或者专业指导人员的质量不能满足服务需求。

为了解决这一问题，图书馆创客空间可以采取多种措施。例如，建立专业团队，通过招募、培训和评价等方式吸引和留住专业人才；与相关机构和学校建立合作关系，共享资源和人才，提高专业指导人员的数量和质量；建立科学的运营和管理机制，合理分配资源和任务，提高工作效率和质量等。同时，加强公众教育，提高创新创造的认知和理解度，也有助于提高专业指导人员的数量和质量，促进创客空间的发展和创新创造的实现。

## （四）同质化竞争激烈

随着创客空间的普及和发展，图书馆创客空间的同质化竞争问题也越来越突出。同质化竞争是指在同一市场或行业中，不同的供应商或机构提供相同或类似的产品或服务，导致价格竞争和附加值竞争的现象。

对于图书馆创客空间而言，同质化竞争问题主要表现为以下几个方面：

（1）设备和工具同质化。许多图书馆创客空间提供的设备和工具类型及品牌相同，缺乏差异化和个性化，使得服务内容相似，难以在市场中脱颖而出。

（2）培训和指导同质化。很多图书馆创客空间提供的培训和指导内容也相似，缺乏创新性和差异化，往往无法满足不同用户的需求。

（3）创新项目同质化。许多图书馆创客空间开展的创新项目缺乏差异化和创新性，难以在市场中取得优势。

（4）品牌形象同质化。许多图书馆创客空间的品牌形象也相似，缺乏个性化和差异化，难以吸引更多的用户和合作伙伴。

为了应对图书馆创客空间同质化竞争问题，可以采取以下几种措施。

（1）强化差异化和个性化。通过提供独特的设备和工具、创新的培训和指导内容、具有特色的创新项目以及独特的品牌形象等方式，增强图书馆创客空间的差异化和个性化，使其在市场中更具竞争力。

（2）加强合作与联盟。通过加强与其他创客空间、企业和学校等机构的合作和联盟，共享资源和人才，提高服务质量和效率，拓展市场渠道，增强市场竞争力。

（3）创新经营和管理方式。通过创新经营和管理方式，如提高服务水平、优化流程和管理模式、降低成本、提高工作效率等，增强图书馆创客空间的市场竞争力。

（4）加强公众教育。通过加强公众教育，提高创新创造的认知和理解度，增强公众对图书馆创客空间的认知。

## 五、创客空间发展建议

### （一）全面宣传推广

公共图书馆创客空间服务是图书馆服务转型的最新尝试，属于新生事物。为了让更多的人认识创客空间，了解创客精神，接受创客空间服务并乐于分享创新成果，公共图书馆应加大宣传力度，从范围、方式两个方面加强宣传推广工作，从而提升社会公众对创客空间的认可程度。首先，要加大宣传的地域范围，充分发挥创客空间移动性的特点，将创客空间服务送至偏远用户的身边。创客空间宣传不应只局限于市中心、图书馆周围等人员密集的区域，更应深入社区、郊区等偏远地区，在人员密集地区设置创客空间服务站，并通过装饰图书馆创客空间服务车，以简单的话语展现创客精神，让用户可以摆脱地域的限制，了解认识图书馆创客空间服务。其次，要加大宣传的用户范围。公共图书馆的用户范围广泛，既包括少年儿童读者，也包括年迈的老年读者，既有普通农民工人，也有科技工作人员。因此公共图书馆在宣传创客空间时，不应局限于专业科技人员，要做到全面宣传、重点推广，充分宣传适合不同类型用户的创客空间服务项目，让他们了解并愿意利用创客空间服务。另外，公共图书馆应增加宣传推广方式。如今互联网技术发展迅速，交流通信软件多种多样，这都可以迅速拉近图书馆和读者之间的距离。公共图书馆可以充分利用互联网络，多途径地对创客空间进行宣传。例如，制作创客空间宣传手册和宣传海报；利用广播电视媒体进行宣传推广；在公共图书馆主页、微博、微信公众号上设置创客空间服务专栏，介绍创客知识，开展创客空间服务培训；拍摄创客空间宣传片，在抖音等社交媒体介绍创客空间的功能、服务项目等。

### （二）合理分配资源

建立创客空间需要大量资金的支持，公共图书馆作为公益性文化机构，应多方筹集资金，制定科学合理的发展规划，引导创客空间稳定、健康发展。在资金筹集方面，可以向政府申请专项资金，建立创客空间，也可和其他机构或企业合作共同建立创客空间。对于市场预期良好的创新成果，可以通过网站进行资金募集，减轻图书馆的资金压力，多方筹集资金，保障创客空间的稳定发展。在构建创客空间和提供创客空间服务时，应注意合理分配资源，购买可循环使用、健康、环保的创新工具和材料，按用户需求逐步购买和添加大型创新设备。

### （三）加强馆员技术培训

近年来，国内各个城市也纷纷举办创客空间大篷车活动，宣传推广创客空间。公共图书馆可以为馆员提供外出参观、学习机会，学习借鉴国内外创客空间创建与服务的成功案例，从相关学术论文、新闻报道、国际与国内创客大赛中吸取经验，同时加强馆员的技术培训，对创客空间服务人员进行业务培训，使其掌握先进的创新技术，从而提升服务水平，让创客空间持续发展。

# 第三节　其他服务

## 一、移动图书馆服务

移动图书馆服务是利用成熟的互联网以及移动互联网技术，让读者能不受时间和空间约束，通过笔记本电脑、平板电脑、手机等各种移动或半移动设备灵活地获取图书馆服务，进行信息浏览、查询、借阅等操作。移动图书馆打破了时间和地点界限，极大地拓宽了读者获取图书馆服务的渠道与方法，具有高度的实时性和移动性，不但方便读者，而且提高了图书馆服务的效率。

移动图书馆服务的方式包括微信公众号、应用 APP、网站服务、聊天服务等方式。

（1）微信公众平台。这是目前较为流行的方式，借助图书馆微信公众平台，用户可以直接通过微信登录图书馆服务，获取信息查询、文献借阅、馆藏检索、文献传递、资源推荐等服务资源。微信公众号建立较为简单，且硬件依托腾讯公司提供的云服务，成本较低，但服务内容较为固定，应用范围也有所限制。

（2）应用 APP。这是通过用户安装的专用图书馆 APP 获得相应服务，优势是高度定制化。相比微信公众平台，专用 APP 可以根据各个图书馆特点，设计需要的服务内容，如数据库服务、视频直播服务等，但开发成本相对较高，需要专门硬件和技术人才支持。

（3）网站服务。支持用户以移动互联网或者互联网方式连接图书馆网站，获得信息查询、文献借阅、馆藏检索、文献传递、资源推荐、数据库服务、视频直播服务等内容，但与 APP 服务相同，有一定开发成本，且需要专门硬件和技术人才支持进行网络维护。

（4）聊天服务。除了以上用于获取图书馆服务的移动业务外，还有用来改善图书馆服务效果的移动业务，如网络聊天服务。这是利用微信群、QQ 群、飞书群等 ICQ 应用，构建图书馆与读者之间的交流渠道，使图书馆能够及时对接读者需求建议，同时读者可以及时准确反映自身需求并了解利用图书馆资源，是图书馆参考咨询服务的重要方式。

目前，移动服务已经比较普及，大部分高校图书馆、省市级图书馆都开始提供移动图书馆服务，极大地方便了读者。未来这项服务有望拓展到全体图书馆。

## 二、自助服务

自助服务，是利用无人技术为读者提供智能化图书借阅服务。利用自助服务，读者无须图书馆工作人员帮助，就可以自主完成图书的借阅、查询、归还等。其服务模式包括 ATM 式自助、24 小时街区自助。ATM 式自助是利用专用图书 ATM 服务机器，为读者提供自助式的图书借还、续借、查询等服务，这些机器通常设置在图书馆内部或周围。24 小时街区自助将图书馆服务拓展到馆外，通过无人方式，为读者提供图书借阅、归还、办证、检索等服务，但所提供借阅的图书种类有限，同时有较高的成本。除了图书的相关自助服务，图书馆自助服务还包括自助复印、打印、扫描、自助编辑制作等服务。这些自助服务一方面方便了读者，使其不依赖于图书馆员，可以自主地获得图书馆服务；另一方面解放了图书馆员，使其可以更专注于提升服务质量，达成与读者双赢的服务局面。

## 三、讲座展览服务

《公共图书馆法》中提出公共图书馆应当免费向社会公众提供公益性讲座、培训等服务项目，这为图书馆讲座展览服务提供了法律依据。图书馆提供的讲座展览服务主要有三个作用：一是培养阅读习惯，通过邀请专家学者或知名人士来馆开展讲座展览，吸引读者走进图书馆，讲座内容可以紧随时代发展，以吸引更多观众；二是促进公共教育，图书馆讲座展览服务向全体社会公众开展，受众可以根据自己的偏好选择不同专家学者的讲座，参观相关展览；三是树立公共形象，丰富当地文化。图书馆讲座展览服务以公益性、平等性和开放性为原则，为社会公众搭建了一个沟通交流的舞台，展示了图书馆的文化责任，丰富了当地的文化生态。此外，图书馆讲座展览服务作为一种用户参与度高的阅读体验活动，既可以单独专门组织，又可以与其他展览联合举办，也可以和音乐会、画展等其他活动一并举办，使活动更有多样性，更具吸引力，吸引更多的用户走向图书馆。但从目前各地图书馆开展讲座展览服务的情况看，还普遍存在开展少、质量低、形式旧、缺乏吸引力的问题。需要各级各地图书馆优化讲座形式，拓展讲座内容，提高活动吸引力。讲座形式不能局限于传统的讲课式讲座，应加大流动讲座，新媒体视频讲座，读者沙龙，访谈类、讨论类或实践类讲座的比例。各个图书馆可以相互共享讲座资源，相互借鉴，互通有无，根据本馆所掌握的讲座展览服务经费、文化资源、主讲人资源等实际情况来开展新型的讲座展览服务。图书馆讲座展览服务还可以与新书推荐结合起来，定期开展读者沙龙，促进读者之间相互交流，并非必须邀请作家，读者也可围绕书籍内容展开自主讨论。促进流动服务讲座展览，除保证原有固定地点的讲座展览服务，还可以通过流动服务的方式将讲座展览服务提供给城市基层、工厂一线部门等地方，让读者足不出户，就能享受讲座展览服务，将服务带给更多的潜在读者。完善讲座展览系列，满足不同读者需求。

## 四、创新创业服务

2010 年 5 月，教育部发布了《关于大力推进高等学校创新创业教育和大学生自主创业工作的意见》。强调全面推进创新创业教育，是深化高等教育教学改革不可或缺的战略举措，也是构建服务创新型国家必不可少的战略举措。图书馆可以通过充分借助创新创业教育，全面培养实践能力、创新精神并重的人才资源。教育部颁布《国家中长期教育改革和发展规划纲要（2010—2020 年)》，再次明确了发展创新教育的重要性，并提出要建立社会与高等院校联合培养创新型人才的新机制。党的十八大以来，创新创业在社会上蔚然成风，在"大众创业、万众创新"思想的推进下，高校创新创业教育取得了显著的成效。2022 年 10 月，党的二十大再次强调要全面推进创新创业教育。在此背景下，图书馆应响应国家发展需要，推进创新创业教育，积极组织实践教育活动，培养创新意识，强化实践能力，并为大众自主创新创业提供必要的信息支持和技术指导。

图书馆服务于创新创业支持的内容主要包括以下几个方面：

（1）提供信息资源。这里的信息资源不仅包括图书、期刊、论文、专利等基础性的文献资源，还包括政策性文件、市场讯息等多样化类型的商业信息资源，图书馆可以为读者提供便利的信息资源获取途径。

（2）创业建议与培训。图书馆可以为社会企业家、中小微企业提供创业咨询和培训服务，还可以通过设立与商业模式、策划营销、市场调研相关的课程，提高服务的针对性。

（3）专利信息服务。图书馆可以为创新孵化企业提供专利咨询、专利培训等多元化的专利信息服务以及力所能及的指导，还可以通过专利信息服务，为企业提供知识产权信息支持。

（4）空间场所服务。高校图书馆依托于平台优势为社会创业者提供基本的空间场所服务，如开放的实验室、创客空间等。

## 五、特殊群体服务

这里的特殊群体主要指老人、儿童和各级各类残障人士。《公共图书馆法》明确，公共图书馆应当按照平等、开放、共享的要求向社会公众提供服务，应当考虑老年人、残疾人等群体的特点，积极创造条件，提供适合其需要的文献信息、无障碍设施设备和服务等。不同特殊群体对图书馆服务提出了各自不同的特殊需求，这表明公共图书馆服务应一视同仁。但目前各类图书馆的特殊群体服务，在服务意识、服务能力、服务效果上还存在较大的提升空间。

一是服务意识不高。许多图书馆员缺少为弱势群体服务的意识，意识不到要为弱势群体提供特殊服务，认为在图书馆工作只要做好书籍整理、图书上架、借还图书等日常业务工作即可，并且在对弱势群体服务时具有较大的随意性。

二是专业能力不足。许多图书馆员关于弱势群体服务专业知识不足，不具备服务残疾人的专业知识，不了解盲文排版、盲文打印机等使用，也不懂得手语，难以与聋哑人士交流沟通。甚至有的公共图书馆无障碍阅览室的服务人员是馆内志愿者，对残疾人的相关服务也不了解。为特殊群体服务需要具有特殊的专业技能和极强的服务意识，但大多数图书馆内的工作人员或志愿者缺乏这些专业技能和服务意识，服务意识低下、业务不精、态度冷漠。此类忽视弱势群体服务的现象一旦恶性循环，容易使得弱势群体对图书馆的总体印象差，进而不愿意去图书馆。原因之一是在平时业务训练时，图书馆对特殊群体服务方面的培训很少。种种现象使得公共图书馆在开展弱势群体服务工作时处于被动状态。

三是硬件设施不足。图书馆为弱势群体提供的最主要服务是图书阅读服务，硬件设施也应该围绕此项服务展开。比如，为未成年人建立少儿阅览室，为残疾人设立无障碍阅览室，为老年人设立老年人阅览室。但实际上，多数图书馆为残疾人提供的设施过于简单，并且没有为特殊人群设立专门服务场所。部分图书馆并没有将老年人视为弱势群体，因此老年人的服务设施就更加简单，仅限于满足阅读基本需求。老年人爱看报纸、杂志，很多公共图书馆都没有考虑到老年人的自身条件，而将报刊室设置在高楼层，没有专门的阅读台，更没有放大镜、老花镜等方便设备。另外，资源配置不合理。比如，未成年人的基础设施在很多时间处于闲置状态。因为大部分未成年人需要上学，除了寒暑假和周末，大部分少儿阅览室仅服务很少的读者。而且未成年人的设施基本都是着眼于阅读需求，并没有深入了解未成年人个体的特殊需求。

为提高图书馆特殊群体服务效果，图书馆需要从以下几个方面加以改善。

一是特殊群体服务人才队伍建设。应从吸引人才和提高培训技能两个方面加强特殊群体服务人才队伍建设。一方面，图书馆可以采取招聘的形式在社会上引进具备弱势群体服务专业技能的人才或者志愿者。这类人才或者志愿者不仅具备为弱势群体服务的能力，还可以直接培训其他馆员，促进图书馆弱势群体服务工作的全面展开。另一方面，图书馆应加强馆员特殊群体服务技能培训。为特殊群体服务需要特殊的技能，比如残疾人服务方面，需要具有盲文计算机操作、盲文打印机使用、与弱势群体交流与沟通的技巧等技能，图书馆可以采取外请专家与内部交流等方式，定期举办弱势群体服务专业知识培训和服务意识培训，自我培养服务人才。

二是制定完善的规章制度。建立完善的规章制度是公共图书馆良好发展的前提。图书馆应该制定对特殊群体服务的规章制度，从工作机制、工作方法、注意事项等方面规定相关工作事项，为特殊人群服务提供制度依据。

三是加强服务设施建设。建立专用无障碍阅览室、老年人阅览室、儿童阅览室等专用服务场所。各场所在配备必需的设施前，可通过访谈、问卷等方式调查清楚各类特殊群体服务需求，再结合本馆的财政、空间等现实情况，有针对性地采购硬件设施。同时，特殊群体应积极参与公共图书馆文化服务体系建设，在体验公共图书馆服务之后，可与公共图书馆保持联系，反馈特殊群体服务中存在的问题，促进公共图书馆特殊群体服务的全面发展。

# 第四节　基于人工智能的图书馆空间再造

随着人工智能时代的到来，技术发展越来越快，图书馆服务的内容也随之不断拓展增加。由于图书馆是最为常见的公共服务设施之一，很多城市很早就建设了图书馆。改革开放后，我国经济、科技快速发展，许多图书馆在设计之初并没有充分考虑到未来的需求，加之许多服务内容在近些年才涌现出来，如创客空间服务、移动图书馆服务等，导致建成即落后于时代的发展。在已经建成的图书馆舍中进行新的服务，需要对图书馆空间进行改造，这就是图书馆服务空间再造的过程。

## 一、基于人工智能的图书馆空间再造内涵

空间再造指对图书馆空间的重新改造与布置。通过图书馆空间再造，实现图书馆服务智能化改造，以跟上时代的发展。目前，基于人工智能的公共图书馆空间再造多为将智能化技术运用于图书馆空间服务，即使用各种先进的智能化设备、技术及手段，加强馆藏建设和相应服务保障，提供便于合作、学习与体验的服务空间。

## 二、基于人工智能的图书馆空间再造流程

空间再造流程作用于整个空间再造过程，根据不同的再造目标，具体包括制定智能空间战略、实施空间再造和评估再造成果三步。

第一，制定智能空间战略。智能空间战略主要包括三方面：一是宏观上的整体发展规划，根据时代、科技发展情况，着眼未来趋势，以智能化图书馆服务为主要目的，结合现实环境的前瞻性战略；二是对前述战略的阶段性分解，分解的第一步是确定再造对象，图书馆空间的类型、规模、功能、用户等因素均在考察范围内；三是确定再造方式。实体空间再造主要有三种方式：自主、外包与合作。自主再造由图书馆一手包办，对图书馆人才、技术、财力要求最高。外包由专业再造承包商负责大部分再造工程，图书馆只负责提供需求和验收成果。合作由图书馆和合作方共同筹划、实施空间再造，图书馆可深度参与再造过程，使再造结果更符合图书馆需求。

第二，实施空间再造。这是空间再造的执行过程，主要有宏观再造和微观再造两个层次。宏观再造是对图书馆整个功能布局的再造，是整体性、战略性的再造。微观再造具体到一室一间，具体到实施设备，是宏观再造的基础。

第三，评估再造成果。改造完成后要对智能空间再造结果，特别是空间利用率、用户满意度进行测评，并将结果反馈于智能空间战略，不断更新改进，逐步完善公共图书馆智能空间的建设。

## 三、基于人工智能的图书馆空间再造方法

目前，多数图书馆处于新旧空间并存的状态。在这种情况下，图书馆空间再造不能全部推倒重来，也不能一蹴而就。对图书馆的空间再造，应该区分三个层次，宏观、中观和微观。在宏观层面，要对接国家建设数字中国、智慧中国的战略目标，将图书馆的空间再造放到数字化中国的大环境中，依照宏观需求，设计图书馆再造目标。在中观层面，要对接所在城市或地区的建设规划，围绕智慧城市、智慧乡村等内容，确定图书馆再造内容。在微观层面，应用各种智能技术，高效完成图书馆的空间再造。其中，在微观层面上，对个体图书馆进行智能空间构建，能够最直接改善图书馆服务状况。通常，图书馆的空间布局按照功能性进行划分，如办公空间、服务空间、休闲空间等。办公空间主要是馆员的工作空间，可分为传统意义上的办公空间和专业办公空间，其建设的目标是保证馆员高效地处理图书馆业务。在传统意义上，办公空间多为固定形式，即馆员在规定的固定位置进行办公，工作方式也以线下工作为主，而未来的发展趋势是通过数字技术，将图书馆业务虚拟化、线上化，馆员通过虚拟办公平台，远程就能处理图书馆各类业务。专业办公空间，是图书馆进行专业服务、定题服务、信息咨询等专业性较强服务内容时使用的办公空间。在专业办公空间中，人工智能将极大地提高图书馆员工作效率和服务效果。

对图书馆进行空间再造，在确定需求的基础上，首先，要进行数据分析和模拟，使用人工智能算法来分析用户的行为和需求，以及图书馆本身的使用情况和资源分配情况，从而为空间再造提供科学依据。例如，可以使用机器学习算法对图书馆内的用户行为数据进行分析，以确定哪些区域

的使用率最高，哪些区域需要改进等。其次，使用自适应设计技术进行空间设计，即使用人工智能算法对图书馆空间进行自适应设计，以适应不同的使用需求和变化的环境条件。例如，可以使用机器学习算法来预测图书馆内的使用模式和变化趋势，从而进行空间布局和设计，以适应未来的使用需求和变化。最后，完成设计后，可以使用虚拟现实技术来模拟图书馆空间的改造效果，使设计师和决策者可以更好地预测空间再造的效果。例如，可以使用虚拟现实技术模拟不同的设计方案，让决策者能够更好地理解每个方案的优缺点，从而作出更好的决策。

## 四、基于人工智能的图书馆空间再造若干问题

### （一）隐私安全问题

目前的智能技术需要大量用户数据进行模型训练，实际使用过程中也不断监控、处理实际用户的数据，这大大增加了读者隐私数据的安全风险。因此，图书馆在利用人工智能技术进行空间再造，乃至开展任何需要处理用户数据的业务时，都要严密考虑系统的信息安全问题，防止因漏洞遭到入侵。同时，建立用户隐私保护机制，确保用户数据不丢失、不滥用。

### （二）人才问题

对图书馆进行空间再造，需要建筑、设计、人工智能以及图书馆业务等相关专业人才支撑。大多数图书馆只具备图书馆业务人才，建筑、设计、人工智能等方面的人才则比较稀缺。在进行空间再造时，宜采取合作模式，通过与相关厂商、其他机构密切配合，弥补自身专业知识不足。在改造过程中，应该派遣有潜力、有意愿的工作人员全程参与，深度了解相关技术专业，培养建筑设计、人工智能相关人才。在人员招聘时，也应该挑选适合图书馆服务的相关专业人才。

# 第五章　人工智能技术背景下的
# 图书馆服务与图书馆员

图书馆员服务能力是影响图书馆服务质量的重要因素，也是图书馆核心竞争力的体现，对用户与图书馆之间良性关系的发展至关重要。

## 第一节　智力资本与图书馆服务

智力资本是知识经济中最有决定意义的力量。在人工智能时代，智力资本更是图书馆乃至全社会最重要的资源之一。经济学家马歇尔（Marshall）在《经济学原理》中指出，所有资本中最有价值的是对人本身的投资。一切价值归根到底都是人创造的，没有人的劳动，将不会产生任何东西。

### 一、智力资本的涵义及其构成

智力资本，最早是西尼尔（Senior）于 1836 年提出，他认为智力资本是个人的知识和技能。1969 年，J. K. 加尔布雷斯（J. K. Galbraith）扩展了智力资本概念。他认为智力资本不仅是纯意识形态的知识，还包括相应的智力活动，是一种实现目标的手段。20世纪90年代，斯图尔特·托马斯（Stewart Thomas）把智力资本定义为能够被利用于创造财富的智力材料——知识、信息、知识产权和经验等。根据斯图尔特的智力资本理论，智力资本价值是一种衡量企业价值的方法，企业价值的形成是建立在三个方面的基础上，即人力资本、结构资本和用户资本，这三个方面构成了智力资本的"HSC"结构。人力资本是指企业员工的知识和技能，是企业智力资本的重要组成部分。它是由员工所持有的专业知识、技能和经验等方面所组成的，能够帮助企业完成各项任务和提高效率。一家企业的员工拥有的知识和技能水平越高，就越能够提高企业的智力资本，进而提高企业的市场竞争力。结构资本则是指企业在经营过程中所积累的知识，包括企业的管理体系、技术标准、组织文化等，这些都是企业智力资本的重要组成部分。结构资本能够提高企业的管理效率和生产效率，帮助企业更好地实现自身的目标。用户资本，是企业在市场中积累的知识和经验。企业需要了解客户的需求和偏好，才能更好地生产和销售产品。通过不断地积累市场信息和用户反馈，企业能够提高自身的智力资本，并将其转化为市场竞争力。企业只有在这三个方面不断地进行积累和提升，才能提高自身的智力资本，进而在市场中取得更大的成功。

## 二、智力资本对图书馆服务的挑战

智力资本是图书馆的重要无形财富和优势，承载了图书馆服务和管理的核心价值。然而，在图书馆服务和管理中面临着诸多智力资本挑战。

一是人力资本对图书馆服务的挑战。智力资本中的人力资本是图书馆服务的核心，涉及图书馆员的素质和流动等问题。图书馆员作为智力资本的核心承载者，直接决定了图书馆的知识服务质量和水平。但是，人力资本的运用存在着难以避免的问题和挑战，例如，如何更好地提高图书馆工作人员的专业素养、如何减少人才流失等。这些都需要图书馆管理者采取措施来激励和保护高绩效员工，鼓励他们分享知识和经验，以确保图书馆的服务能够长期稳定地提高和发展。

二是结构资本对图书馆服务的挑战。智力资本中的结构资本是支撑人力资本发展的重要保障，包括信息流动、知识共享、工作流程和报酬机制等方面。在图书馆服务和管理中，结构资本的运用面临着许多挑战。例如，如何优化信息共享体系和工作流程，使得组织的创新性和效率得到提高。此外，建立科学的报酬机制也十分重要，以保证员工有足够的动力去探索和创新，增强组织的竞争力和可持续发展性。

三是用户资本对图书馆服务的挑战。智力资本中的用户资本是推动图书馆长期发展的重要推动因素之一。图书馆需要关注用户需求，提供多元化的知识产品和卓越的知识服务，以提升用户满意度和增强图书馆的社会责任和价值。但是，用户资本的维护也面临着许多挑战，比如，如何及时获取准确的用户反馈，调整和完善服务内容和智力资产，提高用户满意度并吸引新用户。随着大数据和数字化技术的发展，图书馆需要适应时代变化，通过数据的收集和分析实现服务与技术的快速迭代和创新。

对于图书馆来说，关键是要制定科学的策略和方法，积极应对智力资本存在的问题和挑战，不断挖掘和创新智力资本的潜力，提高知识服务的质量和效率，实现长期稳健的发展。

## 三、图书馆智力资本开发管理的思路与对策

### （一）拥抱人本管理理念，充实图书馆人力资本

在竞争日益激烈的社会中，图书馆作为一个非营利性的公共机构，也面临着与其他类型机构相同的经营压力。由于特殊性质，图书馆主要的资产并不是建筑物、集合物和技术设备，而是合适的人力资源。因此，本书旨在探讨在图书馆管理实践中如何确立人本管理理念，并建立科学的绩效评价制度，来重视人力资本的价值。

要建设可持续发展的图书馆，必须将图书馆员视为最重要的人力资本，也是最重要的资源和财富。因为只有有能力的员工，才能发挥专业知识和技能，进而让图书馆成为一个成功的知识中心。图书馆管理者应该将图书馆员视为以劳动契约和心理契约为双重纽带的战略合作伙伴，将图书馆员个人的职业发展与图书馆发展战略紧密联系起来。只有通过提高员工的职业技能水平，识别他们的潜力并营造最佳工作环境，才能够使员工的才能得到最大发挥，从而更好地为用户提供知识服务。

同时，为了防止人才流失，图书馆管理者还应该采取一系列措施来确保员工快乐并享受长期的事业发展红利，例如，营造良好的工作文化氛围、提供具有吸引力的薪酬和福利计划、重视员工的职业发展规划和注重员工参与决策等。

图书馆管理者需要建立科学的绩效评价制度，以衡量每个员工的贡献和价值，并为他们提供合理的薪资和奖励。市场上有很多不同类型的绩效评估工具，如基于目标管理、管理者评估、客户满意度、360度反馈和绩效面谈等。然而，应该选取最适合图书馆环境的绩效评估工具来确保其公平性和可靠性。

图书馆管理者还应该加大对人力资本开发与人才队伍建设的投资力度。尽管投资需要花费巨大的资金，但是对于图书馆管理的可持续性和长期价值而言，是非常重要的。这不仅可以提高员工的职业技能和工作效率，还可以提高图书馆在市场上的声誉，增加用户对图书馆的信任度和忠诚度。

重视人本管理理念可以帮助图书馆管理者更好地利用图书馆员工的人力资源来支持其目标。通过加强对员工的投资，并建立科学的绩效评价制度，图书馆可以更好地实现可持续发展，提高服务形象，从而满足用户需求。

## （二）提升图书馆知识管理水平，打造良好结构资本

随着数字化和信息化技术的快速发展，图书馆作为知识管理和传播的

重要场所，面临着新的挑战和机遇。为了打造良好结构资本，需要提高图书馆的知识管理水平，采取一系列的方法来支持信息技术、构建知识型团队、建立激励机制和图书馆文化等方面的改进。

1. 信息技术

信息技术是提高图书馆知识管理水平的关键手段之一。通过信息技术的支持，图书馆可以实现数字化管理、在线服务、数据分析和知识共享等功能。比如，利用数字化技术将馆藏文献进行数字化处理，实现文献的数字化存储和检索，提高文献利用效率和知识获取速度；利用在线服务技术，将服务向用户延伸，实现网上预约、咨询和借阅等功能，提高服务质量和用户满意度；利用数据分析技术，对用户行为、馆藏情况和服务质量等方面进行数据分析和挖掘，帮助图书馆管理者作出更好的决策；利用知识共享技术，促进知识交流和合作，打破"信息孤岛"，提高知识创新能力和综合竞争力。

2. 知识型团队

构建知识型团队是实施图书馆知识管理的另一个关键手段。知识型团队指具有高度专业化、知识更新速度快、协同合作能力强和学习能力强的团队。为了构建知识型团队，图书馆需要从人员招聘、培训、评价和激励等方面入手。比如，通过招聘具有丰富实践经验和创新思维的人才，补充和强化团队的专业能力和学科结构；通过培训和学习，提高员工的知识水平和技能素质，增强其适应变化的能力和创新能力；通过评价和激励，激发员工的工作积极性和主动性，提高工作效率和团队凝聚力。

3. 激励机制

建立激励机制是推动图书馆知识管理的重要手段之一。激励机制可以激发员工的积极性和创新性，提高工作效率和工作质量。为了建立有效的激励机制，图书馆需要考虑激励对象、激励方式和激励效果等方面。比如，通过制定合理的薪酬政策，激发员工的工作积极性和创新性，提高员工的工作效率和质量；通过设置考核机制，激励员工的主动性和责任心，提高工作质量和团队凝聚力；通过建立激励机制，激发员工的创新思维和团队合作精神，促进知识共享和合作创新，提高图书馆的综合竞争力和知名度。

4. 图书馆文化

图书馆文化是推动图书馆知识管理的重要保障，指图书馆的价值观、文化传统和行为规范等方面的内容。为了构建有益于图书馆知识管理的图书馆文化，需要从以下几个方面入手：首先，要倡导知识共享和合作创新的文化，鼓励员工之间互相学习和交流。其次，要营造以用户为中心的服务文化，提高服务质量和用户满意度。再次，要推崇开放和透明的管理文化，加强与用户、行业和社会的沟通和互动。最后，要倡导创新和实践的文化，提高图书馆的创新能力和综合竞争力。

## （三）以用户为中心，提高用户资本和忠诚度的图书馆服务策略

随着数字化和网络化技术的发展，图书馆作为知识服务机构，在服务对象、服务方式、服务质量和服务效果等方面都发生了很大的变化。而在这些变化的背后，用户的需求和期望始终是图书馆必须重视和关注的重要因素。

作为图书馆服务的主要对象，用户不仅是服务的接受者，而且是知识和信息的共同创造者和分享者。因此，建立以用户为中心的服务模式，是图书馆发展必不可少的一个环节。这种服务模式强调用户需求的优先级，可以更好地满足用户的需求和期望，建立长期稳定的关系，并增加与用户的交互和沟通。通过这种方式，可以提高用户的满意度和忠诚度，从而使图书馆的服务更加贴近用户的实际需求，提高服务的质量和效果。

除了用户中心模式，品牌服务也是塑造图书馆形象和提高用户亲和力的重要策略。图书馆的品牌形象和服务品质是吸引用户、增加用户信任和建立用户资本的重要因素。通过品牌服务，可以提高用户对图书馆的认知水平和满意度，增加用户的忠诚度。这种方式不仅为图书馆赢得良好的口

碑，而且可以吸引更多的用户，并建立长期稳定的合作关系。

用户资本是图书馆智力资产的重要组成部分，强调图书馆与用户的互动和交流，建立起一种相互信任和合作的关系。通过加强与用户的互动和交流，创造出更多的知识和信息，提高服务和产品的质量和效果，同时积累用户资本，提高用户的忠诚度和满意度。

满意度和忠诚度是衡量图书馆服务质量和用户资本的重要指标。高满意度和忠诚度意味着用户对图书馆的认可和信任，并有更高的信任度和支持度。通过建立用户中心模式，提供品牌服务和积累用户资本，可以实现更高的满意度和忠诚度，从而更好地推进图书馆的发展。

用户中心模式、品牌服务、用户资本、满意度和忠诚度都是图书馆服务发展的重要环节。通过加强与用户的沟通和交流，树立良好的品牌效应，建立长期稳定的合作关系，图书馆可以更好地满足用户的需求和期望，推进服务质量和效果的提升，实现更好的发展。

## 第二节　图书馆员职业素质与图书馆服务

图书馆服务的主体是图书馆员，提供优质的服务要求高素质的图书馆员。近年来，大部分图书馆一直在大力加强人才队伍建设，但相关专业人才仍然不足。例如，截至 2022 年，笔者所在的图书馆共有员工 52 人，其中具有硕士研究生学历或学位人员仅为 6 人，占全馆人数的 12%；在专业结构上，图书情报专业毕业的工作人员为 8 人，占全馆人数的 15%，计算机专业毕业的工作人员缺乏，剩下的 70% 以上均为非图书馆相关专业的人员。图书馆队伍的综合素质造成了其服务水平的欠缺，直接影响图书馆服务能力。图书馆员的素质包括专业素质、职业道德素质、创新素质，在人工智能发展的时代，人工智能相关素质也成为图书馆员重要素质之一。

## 一、专业素质

图书馆员是图书馆业务的执行者、服务的提供者，在图书馆和读者之间发挥着链接作用，其自身的专业素质能力高低直接关系到图书馆管理和服务工作能否有效开展。图书馆员专业素质指图书馆员履行自己专业职能所必需的素质。图书馆岗位主要包括管理者、信息技术人员、采编人员、参考咨询人员、报刊管理人员和流通管理人员等。这些岗位各有不同，对从业人员专业能力的要求也有所区别。随着图书馆职能定位的发展，图书馆员日益从信息的管理者向信息服务的生产者以及提供者转变。不论是不同岗位的特殊需求，还是图书馆员共同能力上，都强调馆员的信息专业素质，主要包括三项：信息资源的组织、信息资源的开发、信息资源的导航。

首先，图书馆员需要针对不同领域的信息资源进行分类和组织，以便于读者进行有效的利用。通过精确的分类和整理服务，读者可以迅速找到自己需要的信息。因此，图书馆员需要具备将信息资源进行系统分类的能力，建立馆藏目录，阐明信息资源的内容、标准与特殊性质。除了传统的馆藏，图书馆员还需要处理和组织网络信息资源，以满足读者实时资讯的需求。在这方面，图书馆员需要不断学习和更新相关技能，以跟上信息技术的最新发展。

其次，图书馆员还需要具备信息资源的开发能力。他们需要积极利用新兴技术手段，如人工智能等，对信息资源进行开发、挖掘和创新。通过主动了解读者的需求，获取意见建议，并将其转化为更加高效的服务，图书馆员能够不断提高其信息资源的权威性和实用性。例如，图书馆员可以利用机器学习技术分析读者的阅读行为和偏好，从而为他们提供更加具有针对性的服务。

最后，图书馆员还需要具备信息资源的导航能力。在互联网时代，由于信息资源过于庞杂和烦琐，读者面临着信息过载的问题。因此，图书馆员需要通过数据组织和资料收集等方式为读者提供多元导航服务，让读者更加有效地获取所需信息。例如，图书馆员可以建立一个高效的网络信息资源导航系统，通过更新维护，提供完善一体化的导航服务，根据读者的职业和学术背景，获取需要的专业信息。

## 二、职业道德素质

### （一）图书馆员职业道德的特点

图书馆员职业道德指图书馆员在图书馆工作实践中所遵循的规范、客观标准和评价，反映了应该有的道德品质和行为方式。在高校图书馆，图书馆员的职业道德更是至关重要，具有服务性、教育性和科学性。

首先，图书馆员的职业道德应该具有服务性。高校图书馆是为学生和教职工提供服务的地方，作为服务工作者，图书馆员应该秉持服务意识，以用户为中心，满足用户需求。在服务过程中，图书馆员还应该尽可能地提供专业的服务、质量保障并诚实守信。

其次，图书馆员的职业道德应该具有教育性。高校图书馆的使命不仅是提供文献信息服务，同时还要为用户提供学术支持和培训服务。图书馆员在此过程中的职业道德应该包括尊重与支持学术自由和知识自由的原则，以及鼓励用户独立思考和学术研究的精神。图书馆员还应该主动向用户传授信息检索、阅读技能等相关知识，帮助用户更好地利用图书馆资源。

最后，图书馆员的职业道德应该具有科学性。高校图书馆是高等教育机构的重要组成部分，并对学术成果产出起到了重要的支持作用。因此，图书馆员应该具备专业知识和科学素养。他们需要不断提高自己的专业水平，了解信息技术与文献资源的最新发展趋势，不断优化图书馆资源的组织和管理方式。

除此之外，图书馆的特点和服务对象的差异性也对图书馆员的职业道德产生了影响。第一，图书馆的特点包括文献信息资源的多样性和复杂性，影响着图书馆员的职业道德。因此，图书馆员需要具备专业知识和实践经验，以避免在处理多样化的文献信息时产生意见偏见。第二，图书馆的服务对象具有差异性，服务对象包括学生、教师、研究人员等不同类型的用户，这要求图书馆员能够为不同类型的用户提供不同的服务和支持，满足他们不同的信息需求。

图书馆员在利用聪明才智进行创造性服务的过程中，其道德品质和文化修养直接影响着服务的效果与质量。所以说，图书馆员的职业道德修养是图书馆繁荣与发展的重要保障。

## (二) 图书馆员职业道德修养的内涵

职业道德修养是图书馆员根据职业道德要求对其道德素质进行自我改造和自我完善，是人主体精神的自律和一种高级的精神活动及其行为实践。职业道德修养是职业道德规范、准则转化为职业道德品质的重要手段和途径，也是道德体系人格化和职业风尚改观的重要标志。图书馆员是职业道德关系的主体，应跟上时代步伐，不断更新自己的职业道德观念，确立有序的职业道德关系。2003年3月，中国图书馆学会颁布了《中国图书馆员职业道德准则（试行）》。全文共有十条，旨在凝聚图书馆员的职业精神，引导规范图书馆员的职业行为。图书馆的特点决定了"读者第一，服务至上"是图书馆员职业道德修养的核心，加强图书馆员的职业道德修养应体现在树立职业理想、端正职业态度、遵守职业原则、提高职业技能和创造职业荣誉五个方面。

图书馆员需要树立职业理想。职业理想是一种积极向上的心态，需要图书馆员追求高尚的职业价值观和知识自由。图书馆员，应该把知识传授和传播作为自己的职责，帮助读者发现并探索知识的广阔世界。同时，图书馆员还需要加强自我学习，不断提高自己的知识水平和综合素质。只有这样，才能够为读者提供更好的服务。

图书馆员必须端正职业态度。职业态度包括对读者的热情态度、服务态度和沟通技巧。图书馆员作为公共服务机构的重要一员，必须全身心地为读者服务。因此，每个图书馆员应该始终保持良好的态度和精神面貌，认真听取读者的需求，提供专业的服务建议。同时，图书馆员还需要善于沟通，及时解决读者的问题，迎接读者的挑战，让读者体验到高效和满意的服务。

遵守职业原则也是图书馆员职业道德的重要方面。职业原则包含许多方面，例如保护读者隐私、遵循图书馆行政法规等。在工作中，图书馆员必须始终遵守这些职业原则，以维护读者的合法权益和图书馆的声誉。在面对各种工作挑战和职业困难时，图书馆员需要有足够的信心和勇气，坚持自己的职业原则和伦理准则。

提高职业技能是图书馆员不断进步和发展的重要保障。首先，图书馆员需要掌握图书馆事务管理的相关知识，如馆藏管理、编目与分类、阅览室管理、服务流程等。其次，图书馆员需要具备信息资源整合和服务策划的能力，以便更好地为读者提供服务。最后，图书馆员需要不断更新自己的知识和技能，确立终身学习的思想，以适应新技术和新需求的发展。除此之外，创新能力和终身学习的思想也是图书馆员必不可少的素养。随着科技的发展和社会的变迁，图书馆员需要不断探索新的服务模式和方式，以满足读者的需求。

图书馆员的职业荣誉是与履行职业义务紧密相连的。图书馆员需要以高水平的职业技能和专业知识为基础，为读者提供优质的服务。同时，图书馆员还应该发扬团结协作精神，坚持集体主义原则。发扬团结协作精神是指在图书馆中，图书馆员需要积极参与团队合作，共同完成工作任务。工作时，充分发扬团队精神，互相支持、协作，相互学习、借鉴。而集体主义原则则是指图书馆员需要有"以集体利益为重"的思想，克服个人主义，关注集体利益和发展。只有这样，图书馆员才能赢得读者和社会的信任和尊重，实现自身职业价值和成就感的提升，同时也能够为图书馆事业的发展作出积极的贡献。

## (三) 图书馆员职业道德修养提高的途径

图书馆员职业道德修养的提高，主要可以从以下几个方面着手。

第一，正面教育是提高图书馆员职业道德的重要途径之一。举办各种形式的培训、讲座、学习班等活动，使图书馆员认识到职业道德的重要性，了解职业道德的内涵和外延，树立正确的职业道德观。同时，应当引导图书馆员了解图书馆的服务对象和服务宗旨，以更好地服务读者，维护图书馆的公共形象。

第二，理想信念教育也是提高图书馆员职业道德的有效手段。通过宣传和讲述先进人物的事迹和思想，培养图书馆员的道德情操和责任意识，激励图书馆员作出正确的职业选择和行为。同时，通过学习先进事迹，引导图书馆员形成爱岗敬业、勤奋务实、开拓创新的优良品质。

第三，典型教育也是提高图书馆员职业道德的重要途径之一。表彰和宣传先进个人和先进集体，让图书馆员看到榜样的力量，更好地学习和理解职业道德的重要性，增强职业道德自律意识。同时，要注重典型事迹的宣传，倡导团队合作和共同进步的理念，推动图书馆事业的健康发展。

第四，职业道德规范的学习与实践相结合也是提高图书馆员职业道德的有效方法。学习职业道德规范，让图书馆员了解职业行为的规范和要求，培养正确的职业操守和行为准则。同时，结合实际工作，让图书馆员将职业道德规范应用到工作中，提高职业道德自律能力和专业素养。

第五，法律规范和职业道德评价也是提高图书馆员职业道德的重要手段。法律规范是图书馆员职业道德行为的重要保障，图书馆员必须要遵守法律法规，不得违反法律规定。职业道德评价则是对图书馆员职业道德行为的评价和监督，对于不符合职业道德规范的行为进行批评和教育，加强图书馆员的职业道德自律和责任意识。

第六，建立读者监督机制也是提高图书馆员职业道德的重要手段之一。建立读者投诉和反馈机制，让读者对图书馆员的服务进行监督和评价，有效促进图书馆员的职业道德修养和服务质量的提高。

需要注意的是，提高图书馆员职业道德修养不仅仅是个人问题，也与整个行业的发展和进步密切相关。因此，应该注重提升图书馆员的地位和待遇，为图书馆事业的长远发展打下坚实的基础。同时，也应不断推动图书馆员的专业发展水平，提高其职业素质和能力水平，以更好地服务读者，推动图书馆事业的繁荣发展。

## 三、创新素质

21 世纪是智能化的时代，是以知识经济和信息技术为标志的高科技时代。知识经济时代的到来给图书馆员带来了新的观念、新的契机、新的问题和挑战，信息技术的快速发展对图书馆员的影响直接而深远，计算机技术、通信技术、网络技术、数字技术正在从根本上改变着图书馆员的观念、思维方法，带来了文献信息工作模式的变革及服务方式的拓展，更是对图书馆员提出了全新的要求。

### （一）智能图书馆对图书馆员个性品质的要求

智能图书馆利用人工智能、大数据等技术，为读者提供更加智能化、个性化的服务。然而，要实现智能图书馆的建设和发展，图书馆员的素质和能力也面临着更高的要求。

在智能图书馆中，图书馆员需要具备多种个性品质，以应对日益复杂多变的服务环境。第一，他们需要具备主动学习的能力，不断获取新知识，跟上数字化技术的最新发展。第二，他们需要具备灵活性，能够适应快速变化的服务需求和技术变革。第三，合作精神也是智能图书馆员必备的品质之一，他们需要与其他职能部门和技术人员密切合作，共同完成各项工作任务。第四，智能图书馆员还需要具备智能开发的能力，能够使用计算机技术开发新的数字化服务和功能。第五，他们还需要有人文精神，保持对读者的关注和关怀，以及推动图书馆服务的人性化发展。另外，创新能力也是智能图书馆员的必备素质之一，他们需要不断提出新的想法和解决方案，推动智能图书馆的创新发展。

除了上述个性品质，智能图书馆员还需要具备强大的专业知识和技能。智能图书馆员需要深入了解智能图书馆技术和系统，能够熟练运用各种数字化工具和技术，设计和实施各种智能图书馆服务和功能。同时，他们还需要具备良好的沟通能力和服务意识，能够与读者、技术人员和其他职能部门进行良好的协作与沟通，提供高质量的服务和支持。

在实际工作中，智能图书馆员还需要遵循相关的职业道德和行业标准，具备良好的职业素养和服务意识。智能图书馆员应该以读者为中心，尊重读者的权利和需求，保护读者的隐私和安全，积极提供服务和支持，不断提高自己的服务质量和水平。同时，智能图书馆员还应该遵循相关的法律法规和行业标准，保护图书馆资源和知识产权，遵守职业道德准则，防止出现违法行为或不当行为。

为了满足对智能图书馆员的这些要求，图书馆界需要加大培训和教育力度。对于在职图书馆员，需要提供相关培训和进修课程，以更新他们的知识和技能。同时，图书馆也需要招募具备相关专业知识和技能的新人才，并提供有针对性的职业培训和发展计划，以保持员工的竞争力和适应性。

总之，智能图书馆的建设和发展对图书馆员的素质和能力提出了更高的要求。智能图书馆员需要具备多种个性品质和专业技能，同时遵守职业道德准则和行业标准，以提供高质量的服务和支持。为了培养和发展优秀的智能图书馆员，图书馆需要加强对员工的培训和教育，提高员工的专业素养和竞争力，从而推动智能图书馆的健康发展。

## （二）智能图书馆员创新个性品质的培养

知识经济的本质是创新。技术的进步、智能图书馆的发展，都要依靠创新。创新离不开人才，人才是最重要的建设资源，是事业成败的关键。图书馆应重视人才建设，注重培养图书馆员的创新个性品质。

一是进行创新性学习，注重自身发展。创新性学习，是社会发展和科技进步的需要，着眼于人类如何解决未来所面临的各种问题。进入数字化时代，图书馆员面临着信息技术的日新月异、知识的迅速更新和信息市场激烈竞争的多重压力，学习已不能只停留在对知识获取的"维持性学习"阶段，而应努力适应时代的变化，进行"创新性学习"，确立终身学习的思想，不断进步。智能图书馆服务内容从揭示文献外在特征转向全面揭示知识内容，这一转变必然要求图书馆员对专业知识、学术理论和学科前沿动态要有清晰的认识。这就需要图书馆员不断进行知识积累，由博而专，由专而博，成为某领域的信息专家。

二是强化创造性思维，开发馆员自身潜力。创造性思维是人脑思维活动的高级层次，是智慧的升华，是人的创新活动的核心，具有独创性、灵活性和跨越性的特点，是分析与综合的有机结合，是思维展开和思维整合的矛盾统一。智能时代图书馆员的创新思维品质表现在对文献信息应具有敏锐的判断能力、想象能力和分析能力上。无论是对网络信息资源的捕捉、信息过滤、知识挖掘，还是个性化信息服务方式的深入开展，都需要图书馆员以全新的思维方式，进行分析、综合，提供具有高附加值的知识产品，以满足用户深层次的信息需求。创新思维是智能图书馆员个性品质的重要特征。

三是开展创新实践，适应智能图书馆建设与运作。智能图书馆实践是图书馆员创新个性形成的唯一途径，既是创新能力发展的动力，也是检验创新活动成果的唯一标准。图书馆员通过实践活动，获得新认识、新知识，从而完善自己的知识结构，提高创新能力。智能图书馆员创新实践能力的实现，依赖于图书馆竞争与合作机制的建立、馆员的信息素养、深入的用户交流和专业技能的提高。

培养图书馆员创新品质，还应提供以下外部环境。

（1）竞争机制。合理的竞争机制有利于图书馆达到发展的目的。只有在竞争中，人的能动性才能得到极大提高，人自身的潜力才能得到极大发挥，竞争机制为人的个性张扬提供了展现的空间，为人的个性发展提供了现实的条件。如通过建立优秀人才引进与竞争机制，激发图书馆员的想象力与创造力，充分调动图书馆员的积极性和主动性，从而促使创新品质的培养和形成。

（2）合作机制。智能图书馆建设中应加强图书馆之间和图书馆员之间的联合和协作，积极进行馆员的交流学习。图书馆员通过参加各种培训班、专题讲座以及专业学术会议等方式，提高技术水平和文化素养，开拓视野，在合作交流中，实现智慧的碰撞，激发创新意识。智能图书馆是图书馆发展史上一场划时代的变革，其本身是最具信息经济与知识经济时代特征的新兴领域。图书馆员是图书馆事业的灵魂，是智能图书馆实施的主体和推动者，其个性品质直接影响着智能图书馆的效率与质量。注重人与自然的和谐与发展，实现科学精神与人文精神的统一，是智能图书馆发展恒久话题。图书馆员在个性品质的发展过程中应不断探索，不断完善，勇于创新。

## 四、人工智能相关素质

图书馆是一个发展的有机体。在人工智能时代，图书馆工作有了新发展。

### （一）人工智能技术背景下图书馆员面临的机遇和挑战

人工智能技术的兴起，给图书馆服务带来了新气象，为图书馆员带来了巨大的机遇。一是减轻图书馆员工作负担。传统图书馆的书刊采编、典藏、流通、咨询反馈等工作内容中，都有大量重复性工作。这些工作往往不需要过多的智力投入，但又有很强的规则性，同时又可以通过智能信息处理的方式，进行高度程序化的处理。这些程序性、规则性强的工作，恰好适合人工智能处理，可以在一定程度上帮助图书馆员快速地完成，提高工作效率和工作质量，减轻工作负担。二是降低图书馆员劳动强度。传统的图书上架、整理等工作既辛苦，又单一，利用智能物流和整理机器人，可以将图书馆员从这些辛苦的体力劳动中解放出来，使他们有更多的精力提高其他服务能力。三是提高了图书馆员的工作效率。人工智能与互联网帮助图书馆丰富了文献和资源的储备。人工智能不但可以丰富图书馆馆藏内容，还能够帮助图书馆员开展用户服务，提高图书馆的服务能力。四是提高了图书馆员工作层次。人工智能技术使得图书馆员在一定程度上从事更多高层次的工作，比如教育、情报分析、交流活动或者是为特殊人群进行服务的相关工作内容。图书馆员还可以在人工智能的帮助之下，提高自身的专业水平，更好地为用户提供优质的服务。

随着人工智能技术的发展，图书馆行业也受到了不小的影响。虽然人工智能技术为图书馆员带来了许多便利和机遇，但同时也带来了新的挑战，涉及被 AI 替代、工作重构和需要满足更高的服务要求等方面。本书将重点探讨人工智能技术对图书馆员的挑战以及应对措施。首先，人工智能技术的发展对图书馆员的工作产生了巨大的冲击，其中最重要的一点就是可能被 AI 替代。随着人工智能技术的不断发展，很多图书馆中的常规工作都可以通过 AI 来完成，例如图书的分类、数字化、检索和阅读推荐等，而且速度更快，准确度更高，因此会让图书馆员的工作受到威胁。尤其是在数字化时代，人们更加倾向于使用电子图书而不是纸质图书，这进一步削弱了图书馆的存在感。其次，人工智能技术也带来了图书馆员工作重构的挑战。传统上，图书馆员的工作是管理图书馆的纸质或数字化图书、帮助读者查询资料、提供阅读建议、组织文化活动等。但是，随着人工智能技术的出现，这些工作都可以通过自动化和数字化来完成，因此，图书馆员需要适应这些变化，掌握新技能，发挥专业知识和创造力，以保持其存在感。例如，图书馆员可以更多地与读者互动，提供更高水平的服务和更好的体验，还可以拓展图书馆的服务范围，组织更多的文化活动，促进读者与图书馆之间的互动和交流。最后，人工智能技术也要求图书馆员提高服务质量。随着人工智能技术的发展，读者对图书馆的期望也在不断提高，希望能够更快、更便捷地找到所需的资料，同时也希望图书馆员能够提供更多的阅读建议和帮助。因此，图书馆员需要更好地了解读者的需求，并不断学习新知识和技能，提高自己的专业水平，以满足读者的需求。另外，图书馆员还需要掌握数据分析和数据处理的技能，以便更好地了解读者的需求，并提供更加个性化和定制化的服务。

## （二）人工智能时代下图书馆员应具备的能力

人工智能和数字化进程不断推进，图书馆员的信息处理和服务需要适应这些变化。拥有以计算机和网络技术为核心的信息技术能力仍然很重要，因为这些技能可以帮助图书馆员完成数字信息采集、储存、加工和服务等日常工作。但是，在人工智能时代，图书馆员需要具备更多的能力来应对新的挑战和机遇。

1. 信息处理能力

信息处理能力已经成为图书馆员不可或缺的技能之一。在人工智能时代，信息量大大增加，信息更新速度也更快，这需要图书馆员具有高效的信息处理能力。图书馆员需要能够快速处理、分析和储存数据，以确保资源能够快速、准确地被储存和配送，满足用户的需求。

2. 创新创意能力

随着信息技术的不断发展，图书馆也面临着新的挑战。信息量的爆炸性增长和用户需求的多样性都对信息服务提出了更高要求。图书馆员需要具有创新创意的能力，以便快速地推出新的服务和资源，同时符合用户和行业的需求和趋势。因此，图书馆员应该不断学习和探索，关注新技术和研究成果，并在实践中加以应用。

3. 法律素养

在数据处理和管理方面，图书馆员需要具有法律素养。特别是在处理用户数据和数字化资源方面，图书馆员需要了解有关数据隐私和版权的相关法律，保证用户数据的私密性和安全性，并确保图书馆的数字化资源得到适当的保护和使用。同时，他们还需要了解有关用户数据共享、知识产权的法律法规。

4. 积极适应和发展能力

图书馆员应该具有积极适应和发展能力，以应对变化和未来。他们应该关注和学习新技术和发展趋势，始终保持敏锐的洞察力和开放的思考，不断提高个人专业技能，以应对人工智能和数字化进程的各种挑战和机遇。他们应该开展实践和研究，探索新模式和新技术，寻找到可行的图书馆转型和发展之路。

综上所述，人工智能时代的图书馆员需要具备信息技术能力、创新创意能力、法律素养以及积极适应和发展能力，以应对新时代的挑战和需求，提供更高效、高品质的信息服务。图书馆员需要以用户需求为导向，关注行业发展和趋势，不断更新自己的知识和技能，以推动图书馆数字化和智能化的转型和发展。

# 第三节　读者抱怨与图书馆服务补救策略

服务是图书馆永恒的话题，从"一切为了读者"到"读者第一"无不围绕服务而展开。随着现代图书馆的发展，无论是传统、面对面的服务方式，还是人机交互的服务方式，我们在追求至诚、完美服务的同时，不可避免地会出现服务疏漏与失误，由此引发读者的不满与抱怨。如何正视和认识读者抱怨，采取适宜的策略进行服务补救，无论对服务质量及读者满意度的提高，还是对读者忠诚度的建立都是非常必要的。

## 一、读者抱怨原因分析

读者抱怨，指读者在使用图书馆的资源与接受服务过程中所产生的不满情绪，直接反映了读者的真实需求，以及图书馆在资源和服务中存在的缺陷。读者抱怨是读者的一种心理行为的表现，造成读者抱怨的原因有主观的，也有客观的。

### （一）主观原因

主观原因主要来自读者主体。一是读者的诉求没有及时被关注，精神不愉快，产生抱怨。二是读者对图书馆的规章制度、服务项目、检索程序及设施不够熟悉，不能正确使用。三是读者自身的原因，诸如读者自身的性格，以及读者进入图书馆或使用服务系统时的情绪状态。性格和情绪往往会决定一个人的行为方式。有的读者对外部事物的要求比较苛刻，在接受服务过程中就容易产生抱怨。比如，一位不久前才因超期受到罚款而又准备去上课的读者在走进图书馆时，可能会对因读者较多或网路故障而造成的服务等候持不理解态度。在影响读者抱怨的因素中，不满意是读者抱怨的必要条件。在不满意的情况下，向图书馆提出抱怨只是其中的一种选择。在服务系统中，读者抱怨的问题主要集中在不清楚开放服务时间，工作人员服务不准时、专业素养和服务态度欠佳以及收费项目不明确等。

### （二）客观原因

一是图书馆员缺乏良好的职业道德和服务意识，在服务过程中"以自我为中心"，态度冷漠，缺乏热情，或是不熟悉资源，造成服务失误。二是图书馆员与读者之间缺乏有效沟通，造成读者误解。三是服务产品的问题，良好的产品是塑造读者满意度的直接因素，对于服务这种无形产品也是这样。对服务的质量评估不但贯穿读者在从进入到走出服务系统的全部过程，还会延伸到读者对服务产品的使用过程中。四是服务人员、服务环境、服务制度的问题。服务是一种经历，在服务系统中的读者满意与不满意，往往取决于某一个接触的瞬间。例如，服务人员对读者的询问不理会或回答语气不耐烦、出言不逊；让读者等待时间过长；对服务规则如开放时间、借阅图书调换以及惩罚措施等不清楚，都是造成读者不满、产生抱怨的原因。五是读者对图书馆期望值偏差。读者期望在读者对图书馆服务的判断中起着关键性作用，读者将评判所要的或期望的东西。在一般情况下，读者的期望值越高，对图书馆的兴趣就越浓。但是读者的期望值过高，就会使读者的满意度变小；读者的期望值越低，读者的满意度相对就越高。因此，期望值管理失误出现偏差，就容易导致读者产生抱怨。

## 二、图书馆服务补救的必要性

### （一）读者抱怨产生的后果

当服务出现失误而引起读者不满时，读者的反应大体分为两类：保持沉默与采取行动。那些保持沉默的读者不相信投诉有效，遇到问题也经常采取回避的做法；采取行动的通常是抱怨的读者。首先，对于有目的抱怨，其原因是非常清楚的，抱怨者希望其不想要的状态得到纠正。其次，对于无目的抱怨，原因则比较复杂，从心理学上分析，抱怨有一种很像压力阀释放钮那样的作用，使抱怨者能释放挫败中的情绪。再次，人们对别人抱怨是为了得到他人的同情，并试验别人对其抱怨的认同。最后，抱怨者可能是仅仅为了创造一种印象而抱怨，以此来满足虚荣心理。因此，一般认为抱怨者比不抱怨者更聪明和更有洞察力。但是，所有的无目的抱怨，都会对图书馆形象造成影响。其后果一种是显性的，读者流失；另一种是隐性的，就是"坏口碑"的形成与传播。一项调查显示，当图书馆出现失误导致读者不满意后，对图书馆不利消息的传播呈一种几何级数的变动过程。如果一位读者对图书馆服务不满意，他会向周围的人群宣泄，甚至会下意识地夸大信息量，以达到心理上的某种平衡或争取他人对自己立场和观点的理解与赞同。一位不愉快的读者有可能会把他的不愉快经历告诉10—20位同学和朋友。从读者口里说出的负面信息对图书馆工作是一种长期伤害。实际上，读者作为挑刺者，扮演着影响图书馆事业持续发展的重要角色。使读者满意是图书馆赖以生存的根本。

## （二）图书馆服务补救的必要性

由于读者多样性与服务易变性，服务人员在与读者接触互动的过程中，难免会有服务失误发生，造成读者的负面反应，引发读者抱怨。因此，当图书馆的服务出现失误时，必须采取补救措施。对图书馆而言，通过服务补救，将服务失误带来的负面影响减少到最低限度，达到留住读者的目的。图书馆服务补救也可以理解为图书馆在出现服务失误后，为读者立即作出带有补救性质的第二次服务。图书馆通过第二次服务达成与读者的共识，提高图书馆的信誉度和读者的满意度。同时，通过服务补救，图书馆发现存在或潜在的问题，改正服务缺点，提高服务质量。

## 三、图书馆服务补救策略

### （一）服务补救的原则

#### 1. 及时性原则

当图书馆服务发生失误后，不管服务失误的原因是来自图书馆还是读者，图书馆都要在接到问题后尽快解决。解决得越快，补救的效果就会越好。如果无法马上解决，就要告知读者原因及目前处理的情况。否则，会引起读者再次对图书馆工作的不满意，导致读者对图书馆的不信任与失望，甚至离开图书馆。所以图书馆对失误作出快速补救，能够显示图书馆真正关心读者利益，想读者所想，急读者所急，为图书馆树立良好的社会形象，从而提高图书馆的信誉度。

2. 主动性原则

读者在遇到劣质服务时，会产生消极情绪。因此，图书馆服务人员在进行服务补救时应积极主动。首先是道歉。既然服务失误事实已经成立，主动道歉会让读者感到图书馆的诚意。其次是紧急复原，这是道歉的自然延伸，紧急复原是为纠正服务失误而采取的行动，向读者证明图书馆对读者的抱怨非常重视。最后，服务人员应该对读者表示同情和关心，对读者的失望和愤怒表示理解。这一点是服务补救的必要因素，会使读者感到图书馆对他的处境十分敏感和关心，许多愤怒也会烟消云散，为双方的相互尊重打下良好基础。

3. 区别性原则

图书馆服务人员会接待形形色色的读者，其中可能会有少数读者情绪易变、刻薄、挑剔等。这些读者经常会抱怨，且对图书馆的任何服务都不太满意。对于这类读者，图书馆服务人员应区别对待，客观准确地指出其在接受服务过程中的错误，并根据不同的情况进行处理。

4. 公平性原则

读者进行投诉是希望其能够受到公平的对待。他们希望投诉后处理的结果能与其不满意水平相匹配。读者希望通过公平的交换，让他们感觉到，图书馆为改正其错误而采取某种行动。因此，图书馆应该提供给读者可以选择的补偿方式，以便更好地提升读者的满意度。

## （二）服务补救的措施

图书馆服务的无形性、异质性、同步性等特点，决定了影响服务质量的因素是错综复杂的，在提供服务产品的过程中，服务失误是不可避免的。当服务失误发生后，读者不管提出抱怨与否，实际都非常期待图书馆能有所响应，并能妥善处理。因此，对于图书馆来说，当认识到服务失误发生时，不管失误的原因是来自读者还是图书馆，都要有承担责任的态度，要把握好这个向读者提供服务补救的机会，以挽回读者的信任度。完善的服务补救策略体系是各种策略一起发挥作用的综合体。

1. 避免工作失误

与有形产品不同，许多服务是不可以重新生产的，所有的服务补救所能做的只是尽量给予读者精神上的补偿。因此，服务质量的重要规则就是在一开始就把事情做好。可靠性，是所有服务质量最重要的量度。图书馆需要建立跟踪并识别服务失误的系统，使其成为挽救和保持读者与图书馆关系的重要工具。有效的服务补救策略需要图书馆通过听取读者的意见来确定服务失误之所在。这不仅仅是被动地听取读者的抱怨，还要主动地查找那些潜在的服务失误。

2. 建立读者投诉激励机制，欢迎并鼓励读者投诉

当抱怨来临时，图书馆不应该采取回避的态度，应该欢迎并鼓励读者投诉，确实要把抱怨的读者当作朋友。面对读者抱怨，图书馆要做的是既要为用户尽可能地提供抱怨投诉的渠道，也要鼓励员工报告在一线发现读者抱怨和服务失误的根源。鼓励抱怨也包括教会读者抱怨，因为有时候读者想抱怨却不知道该跟谁讲，过程是什么或者应该涉及什么。读者最不愿意看到的就是当其不满意时，还要去面对一个复杂、难以进行的投诉过程。对于图书馆而言，普遍的方法之一是通过诸如留言板、E - mail、电话等方式使读者容易找到接受投诉的机构和人员。

3. 快速反应

有了受理用户抱怨的心理准备，还要采取快速行动。反应越快，补救越努力，就越可能出现成功的结果。研究表明，如果投诉处理及时，图书馆将能留住 90% 的不满意读者。相反，如果反应缓慢，即使投诉完全解决，图书馆也只能留住 80% 的不满意读者。图书馆对问题的反应越快，传达给读者、旨在使读者满意的信息的价值就越大。

4. 公平对待读者

读者在决定进行投诉时，一般会期望得到公平对待。一是过程公平。大多数读者希望在抱怨处理过程中，有一套标准的规章程序，有一个明确的时限。为纠正服务失误而采取行动，图书馆向读者证明对其抱怨非常重视，对读者意味着过程公平。二是相互对待公平。投诉中读者希望被诚实、细心和有礼貌地对待，否则即使投诉已经得到迅速解决，读者也会强烈地感到不公平。三是结果公平。读者希望投诉后的处理结果能与其不满意水平相匹配。当读者的利益受到损害而进行投诉时，图书馆应该抓住与读者进行沟通的机会，在读者的心中树立起诚实、负责的形象，提高读者对图书馆的信任度。图书馆也能够把源于读者投诉的重要信息用于改善图书馆服务过程。通过追踪服务补救的过程，图书馆可以获知一些在服务系统中需要进行改进的系统问题，通过原因分析，识别出问题来源，改进补救过程。

5. 总结服务失误和补救案例，改善服务规范和行为

图书馆要建立服务补救数据库，总结过去发生过的所有服务失误案例，分析失误发生的原因，以及当时采取的服务补救方式和读者反映情况，以此作为进行读者抱怨处理的参考和制定服务规范的依据。服务失误发生后，图书馆应做好服务失误的记录、分析和防范工作，极力避免同类服务失误的再发生，尤其是同一类服务失误发生在同一读者身上。总之，服务补救措施的实施和服务规范及行为的改善，一定会使读者有更高的意愿和动机使用并忠诚于图书馆，从而提升图书馆的信誉和社会形象。

## 四、影响图书馆服务补救策略的因素

### （一）服务承诺

服务承诺是补救过程中的有效工具。承诺对于图书馆来说很普遍，因为其有形的特征可以让读者有一种现实的印象，但服务的无形性和易变性

使得服务产品不能像实物产品那样可以调换或退货。服务产品既不可能退回，也不可能"不用"，但是"有效的承诺不仅可以作为一种营销工具，同时也是在组织内对质量进行定义、培养和维护的一种方法"。① 图书馆服务承诺的主要特征是公开服务内容、公开服务标准、公开承诺时限、接受公开监督。同时，服务承诺具有契约性，具有规范力和约束力，通过服务承诺规范了图书馆员的服务行为，明确读者的权利与义务，自觉接受读者监督。

### （二）服务文化

服务文化为图书馆内部共同的价值观和规范的集合，赋予图书馆员一种信念，向他们提供组织的行为准则。图书馆要平息读者抱怨，通常需要图书馆内所有部门的参与，建立"以读者满意为目标"的图书馆文化，牢固树立"读者至上"的观念，踏踏实实地去了解读者需求，为读者提供优质的服务。服务文化是图书馆在长期对读者服务过程中所形成的服务理念、职业观念等服务价值取向的总和。服务文化一旦内化为员工的心理需求，员工的积极性和创造性就会持续不断地被激发出来，可以使服务从无序走向规范，由被动变成主动，达到创新服务的目的。服务文化通过精神和文化的力量，从管理的深层次规范员工的行为，使员工和图书馆站在社会和读者的角度，不断提升服务品位。

## 第四节　图书馆服务技术保障

图书馆服务技术保障，是对图书馆提供服务的系统、平台和设施进行维护、优化的后台支撑。随着人工智能技术的发展，智能化建设是现代图

---

① 于宁. 关于服务补救问题 [J]. 合作经济与科技, 2005 (23)：62 - 63.

书馆发展战略的必然趋势，将全部覆盖图书馆各个应用环节诸如业务沟通、数据库、信息安全、信息服务等，实现图书馆各项具体业务相互融合。互联网与计算机技术发展迅速，给图书馆服务技术保障工作带来诸多挑战。在传统工作模式下，图书馆服务技术保障是对图书馆业务管理系统、电子阅览、网络环境、设备技术等的管理与优化。现代图书馆服务技术保障是与其他图书馆及数据商在服务空间、服务功能等方面充分交融。图书馆服务技术保障工作为文献资源的建设、资源的有序化以及满足用户的需求提供相应的支持手段，并保证这一切活动高效运行，在图书馆信息化建设中发挥着重要作用。技术保障工作模块化管理有利于提高工作效率，促进工作标准化建设，同时能够帮助工作人员提高技术水平。

## 一、图书馆服务技术保障工作面临的困境

随着人工智能时代的到来，图书馆智能化建设进入加速时期，信息技术的应用深入传统图书馆的各项业务，图书馆服务技术保障工作变得更加复杂繁重。技术部门工作人员要承担系统管理员、网络管理员、网站建设人员、硬件设施维护员、技术顾问等的一系列工作任务。在资源及人员有限的情况下，如何有序高效地开展图书馆服务技术保障工作成为技术部门亟须解决的瓶颈问题。

### （一）管理工具与服务平台种类繁多

除了硬件设施的维护，技术部门日常工作内容更多的涉及相关软件的维护和系统平台的建设。以皖西学院图书馆为例，使用的管理系统和应用服务平台共有 15 个之多，其中主要的系统工具有妙思文献管理集成系统、"一理通"自助借还系统、OPEC 信息发布系统等，常用的服务平台有门禁与监控系统、座位预约系统、WebPlus 网站平台、读者服务云平台、大数据控制平台等。系统种类繁多，会造成管理困难。一方面，由于所属不同

服务商，没有现成接口形成互通，各系统和平台之间存在着信息共享的壁垒，需要大量人工操作进行数据拷贝和更新。另一方面，网络成为图书馆服务的重要载体和空间，对服务器和客户端应用的时效性和稳定性要求越来越高，从而也增加了技术部门的工作量。

## （二）技术和服务不能迅速适应用户需求

图书馆最主要的工作目标是做好用户服务，适应不断变化的信息技术环境和用户需求，实现服务内容多样化。这是图书馆开展技术支持服务的必然要求。服务项目概括来说主要包括五个方面：计算机硬件与软件服务、打印与复印及扫描服务、其他技术设备借用租用服务、技术咨询与培训服务、综合型技术创新服务。

图书馆技术部门不仅要做好技术保障，也要兼顾面向读者的服务工作。一方面，工作人员要提高沟通能力，切实做好咨询和培训工作；另一方面，因工作内容和图书馆其他部门的职能有所交叉，工作人员不仅要做到明确分工，还要提高部门间的协作能力。因此，工作模块化管理显得十分有必要。

## 二、工作模块化管理开展的优势

工作模块化管理在各行各业都有广泛的应用，在企业管理中能明显提高管理效率。模块化管理就是专业分工与模块间协调的统一，专业分工是把整体工作进行科学分工，模块间协调是把各模块的工作目标和努力方向统一到一起。依托模块化理念赋予不同服务单元独立的工作运行模式与分级启动功能，能够确保系统整体功能与子功能在实现兼容式运作的同时，根据实际需求进行动态组合、分解。这种工作模式要求分工明确，系统性规划和清晰的工作思路有助于工作人员更有针对性地解决问题。除此之外，工作模块化管理还体现在能够对问题进行快速反应处理。

工作模块化管理有利于实现标准化。图书馆工作标准化就是对图书馆业务工作的技术方法及设备等实行统一的原则和规范。将工作进行模块化划分，在实践过程中形成体系标准，在后期方便对工作进行评价和改进，有助于工作总结并激发创新。

工作模块化管理也有利于发挥个人特长，提高个人积极性。图书馆技术部门在整个图书馆的信息化建设中承担着重要工作内容，这对技术人员的专业技能有着很高的要求。工作模块化管理之后，对任务进行划分，有利于相关人员专业化、专家化，能够为读者提供更加高效、严谨的信息服务。

## 三、图书馆技术部门工作模块化构建

技术部门作为图书馆服务技术保障部门，承担着重要的工作职责。基于图书馆的信息化建设，技术部门的主要任务包括电子资源的建设、图书馆各类系统的安全维护等。图书馆服务技术保障工作内容是资源建设、系统管理和用户服务的重要支撑，是技术部门工作的基础部分。因此，保障各类系统的正常运行是图书馆服务技术保障的重要内容，其中各类系统包括：图书馆网站、座位预约系统、妙思文献管理系统、RFID 管理系统等。在馆内部门间工作配合方面，技术部门协助各业务单元熟练掌握和正确使用管理系统相关模块，为各部门自动化软硬件提供技术支持，及相应的技术培训工作。

为了实现更加高效的管理，提高工作效率，皖西学院图书馆技术部门将工作划分为如下几个模块。

### （一）管理系统模块

管理系统模块是技术部门工作的重心，以文献集成管理系统的运行保障为基础，做好数据的备份，确保数据安全，兼顾图书馆各应用系统和平台的数据交融。以服务技术保障工作为基础，更加细致地对馆内各系统进行规划统筹和建设维护。系统管理工作以妙思文献管理集成系统、OPEC信息发布系统为依托，兼顾"一理通"自助借还系统与馆藏定位系统、盛卡恩智能门禁管理系统、大屏信息发布系统、座位预约系统、校园网信息门户与校园卡读卡系统，以打通各系统平台接口之间的屏障为目标，从而更高效地进行信息系统的管理工作。除此之外，技术部门工作还包括引进系统的二次开发、各类应用系统的数据备份与数据安全等方面。

## （二）智能资源建设模块

智能资源建设模块承担对数字资源的安装、使用、数据更新等方面的职责，是图书馆数据采集与处理的保障。一方面，技术部门需要负责图书馆的信息资源开发与传播工作，引进各类型数据库并做好技术服务，对馆藏资源进行数字化组织和管理，并在资源虚拟化建设中做好电子资源安装、调试、维护，对资源类镜像数据进行及时升级与更新维护；另一方面，跟进信息技术在图书馆应用的动态进展，及时提出采纳新技术、新设备的建议，协助做好图书馆信息化建设的各项工作。除此之外，技术部门横向与校信息中心合作，做好各类账号的权限分配，合理管理、规划、分配图书馆 IP 地址，确保各类数据系统能够安全可靠地运行。

## （三）用户服务模块

用户服务模块是图书馆工作的核心与目标，涵盖图书馆系统与应用平台及数字资源在管理与使用过程中的技术指导、用户反馈及资源评价等方面的工作。针对图书馆的具体工作，首先是在技术上保障读者对馆藏资源的顺利访问、对读者入馆教育平台内容的更新维护、对座位预约系统的管理与使用等相关内容的解释答疑工作。在用户服务过程中，树立以人为本的服务理念，以读者需求为导向，向多层次、多元化方向发展，加强读者的交流与沟通，完善服务体系，深化服务，实现方便、快捷、高效的服务目标。

## （四）模块实施注意事项

虽然工作模块化管理对工作内容进行了划分，但实际上模块间也存在互相依赖和协调配合的关系。模块间协作容易出现沟通途径不畅、信息传递脱节、数据接口缺失的问题。针对这些瓶颈问题，技术部门在实际工作过程中采用如下改进办法。

1. 增加沟通途径，加强反馈

模块间的沟通首先是部门人员的及时沟通，除了部门会议，也要重视日常交流。部门会议时间短、主题明确，工作中出现的问题随机、具体，因此要完善日常沟通协作机制。一方面，增加沟通途径的方式，例如线上讨论、问题记录。线上工作讨论组的形式在大多数组织中都有存在，这种方式方便、及时。在日常工作中，对于出现的问题和解决办法可做详细记录，记录成册可供查阅，也能很大程度上解决部门人员调动之后的工作衔接问题。另一方面，需要加强反馈促进模块优化。协作是一个双向配合过程，在发现问题和解决问题之后需要进行及时沟通反馈，从而促进技术交流，提高部门整体技术水平。

2. 完善管理方式

对于现有的岗位职责和管理制度，有的已经不适应现行要求，或是规定本身超出了可执行的范围，需要及时完善。技术在不断发展更新，模块任务也会随之产生变化，需要在管理过程中经常审视总结，以标准化和规范化为目标来优化工作内容。

3. 做好统筹，预留接口

在新的功能和业务上线之前，需要考虑该业务的模块归属，以及数据共享和传递问题。在图书馆信息化建设过程中，数据量增长迅速，各模块之间、模块内部子系统间势必有交互，以打通数据共享通道为目标，及时建立数据接口。在这一过程中，要进行详细的需求分析，做好计划和统筹工作，避免某些系统之间产生数据不同步，甚至数据阻塞的问题。

图书馆技术部门结合上述三个类别的模块化管理，初步形成了职权清晰、分工明确、配合协作的工作机制，部门人员的工作效率和工作效果都得到了有效提升。工作模块化管理是图书馆技术部门工作创新的新探索，有利于提高工作质量，提升部门专业化水平。通过图书馆服务技术保障工作进行模块划分，能够进一步确定技术保障工作职责范围。一方面，便于对技术人员因才施岗，充分发挥技术人员在各自工作模块中的作用；另一方面，各模块之间的数据交互和接口管理工作更加清晰和规范化，更便于工作人员之间的协作。工作模块化管理，有助于进一步打造一个分工明晰、术有专长、合作高效的图书馆技术服务团队。

# 后　记

在笔者撰写本书时，2022 年 12 月，ChatGPT（Chat Generative Pre‐trained Transformer）横空出世，在人工智能领域掀起一波新的浪潮。Chat-GPT 通过将自然语言处理（NLP）技术与强化学习技术相结合，构建了具有 1750 亿个参数的大规模语言模型，在自主对话、逻辑推理等自然语言处理领域拥有了堪比人类的能力，对各行各业都带来了巨大的震撼。ChatGPT 的用户一周之内破百万，两个月达到一亿，说是席卷全球毫不为过。ChatGPT 开放后，大量的企业将其应用于客服、代码编写、招聘信息撰写、文案和内容创作、会议记录和文件摘要等场景，既创造了巨大的价值，也带来了巨大的冲击。2023 年 2 月 21 日，在国家科技图书文献中心（NSTL）与中国科学院文献情报中心（以下简称"文献中心"）共同主办的"ChatGPT 对科学研究和文献情报工作的影响"专题研讨会上，两中心项目团队汇报发布了《ChatGPT 对科学研究和文献情报工作的影响》研究报告，认为会使用这种工具的人肯定会打败不会使用这种工具的人。

实际上，ChatGPT 基于 OpenAI 公司的 GPT‐3 技术，已经是 2021 年的技术了。2023 年 3 月，OpenAI 公司已经应用了 GPT‐4 模型，拥有比 ChatGPT 更为强大的能力。OpenAI 公司在发布会上宣称，GPT‐4 模型的能力已在各种专业和学术基准上表现出了人类的水平，包括以大约前 10% 的成绩通过模拟律师资格考试。GPT‐4 对于生成式的幻觉、安全问题均有较大的改善，同时因对于图片模态的强大识别能力扩大了其应用范围。相比于 ChatGPT，GPT–4 改进颇多，值得注意的是以下四项：①突破纯文字的模态，增加了图像模态的输入，具有强大的图像理解能力；②支持更长的上下文，其支持的上下文分别是 8K 和 32K，是 ChatGPT 上下文长度的 2 倍和 8 倍，其成本也分别为 ChatGPT 的 3 倍和 7 倍；③复杂任务处理能力大幅提升，GPT–4 在更复杂、更细微的任务处理上，回答更可靠、更有创意，在不同年龄段、不同类别考试中均名列前茅，平均位列人类前10%行列，比如，律师资格考试前 10% 、国际生物学奥林匹克竞赛前 1% 等；④改善幻觉、安全等局限性，在各类任务上产生的幻觉问题显著减轻，比最新的 GPT–3.5 模型高 40% 。

随后微软研究院在 arXiv 发表了题为 *Sparks of Artificial General Intelligence：Early Experiments with GPT–4* 的文章，对 GPT–4 进行了全面评测。作者仔细学习了关于 GPT–4 模型的报告。这篇文章是目前为止对 GPT–4 模型表现进行的一次最全面、最系统的研究。微软研究院主要尝试探索 GPT–4 的"极限能力"，让我们能从一个相对官方的渠道来了解模型的边界究竟在哪、它强大到了什么地步。文章的核心观点是鉴于 GPT–4 能力的广度和深度，相信它应该被合理视作一个通用人工智能系统的早期版本。GPT–4 朝着人工智能迈出了坚实的一步，但在一些方面仍然存在严重不足，例如规划能力、快速学习的能力、从经验中学习能力。在这篇文章中阐述了 GPT–4 的很多方面能力，具体有以下几个方面。

1. 综合能力

为了考察模型对不同学科综合运用的能力，作者们设计了一些非常奇怪的跨学科问题。这些问题通常不会出现在训练数据中，因此模型在训练阶段大概率没见过这类问题。文章列举了四个奇怪的问题。

Q1：生成一段 JavaScript 代码，以画家瓦西里·康定斯基的风格来创作随机图像。结果 GPT–4 的风格与瓦西里·康定斯基较为相似。

Q2：以莎士比亚的风格来证明素数无限定理。文章用 GPT － 4 和 ChatGPT 生成了两段证明，然后再将两段证明输入给 GPT － 4，让它以老师的角度来给两个回答打分，最后 GPT － 4 的回答得了 A，ChatGPT 的回答得了 B。

Q3：给圣雄甘地写一封信，表达支持"电子"成为美国总统的候选人。

Q4：用 Python 写一段代码，以向量形式读入病人的年龄、性别、体重、身高、血液测试结果，判断病人是否有较高的风险患糖尿病。

这四个问题都涉及多个不同的学科，模型需要有较好的综合能力才能回答。在这些测试中，GPT － 4 表现得都足够好，表明模型能够综合运用相关知识，完成一些创造性的任务。

2. 图像理解能力

文章让 GPT － 4 用字母表中的字母去画图，头用 O，身子用 Y，腿用 H。模型画出来了一幅比较"分裂"的图。但模型显然理解字母 O、Y 和 H 的形状，并且也理解将它们"怎么放"的这种空间上概念，即使训练中它没有见过。

3. 关键词生成

Stable Diffusion 是图像生成模型，可以通过用户输入的"prompt"生成相应的图像。"prompt"可以理解成图像的关键词。GPT － 4 可以很好地生成关键词，而后输入图像生成模型进行作画，而且比一般用户的关键词更加准确。

4. 编码能力

GPT － 4 表现出的编码能力非常强大。对于使用 GPT － 4 训练完毕后才更新的 LeetCode 题目，GPT － 4 不但远远优于之前的各种模型，并且在稍微复杂的任务上表现优于人类水平。在处理如"使用 HTML 写一个 3D 游戏""在深度学习框架中写一个自定义的优化器，这个优化器的要求还比较复杂，但模型还是能做得很好"等实际问题时，GPT － 4 表现极好。此外 GPT – 4 还可以理解代码，并执行代码。

5. 数学计算能力

总体上来看，GPT – 4 的数学能力远远优于之前的所有大语言模型，并且也优于一些专门针对数学任务精调的模型，但还远远达不到专家级别。GPT – 4 没有能力进行数学研究。

6. 交互能力

GPT – 4 可以通过调用应用程序接口（Application Program Interface，API）的方式，使用其他工具，如 Linux 指令、SQL 指令，还可以使用日历和邮件帮忙预定饭局，使用搜索引擎去浏览网页，并回答一些问题。

7. 与人类的交互

文章对 GPT – 4 首先进行了第一个 Sally – Anne 测试，以测试 GPT – 4 的心智。这里的测试是改进后的 Sally – Anne 测试，其目的是确保模型在训练阶段没有见过该问题。GPT – 4 在 Sally – Anne 测试中表现得比小孩好很多。

第二个测试是关于情绪理解能力的测试。GPT – 4 被要求根据上下文去推断人的情绪。示例中的"ZURFIN"是虚构的一个词，用来防止模型在训练阶段背下来一些信息。GPT – 4 在理解情绪、意图、观点等方面的能力明显优于之前的所有模型。

8. 判别能力

第一个测试实验是 PII（Personally Identifiable Information）检测。PII 任务是从给定句子中识别出与个人信息相关的内容，包括姓名、身份证号、电话号码、邮箱、信用卡号等，很像"实体识别"任务。总体表现上，GPT – 4 已经优于一些专门针对 PII 构建的模型。

由以上例子可以看出，GPT – 4 已经拥有非常接近于人工智能的能力，而且在许多任务中已经表现出了人类水平，甚至超人类水平。但它的智力模式与人类有非常大的差异，在固定的知识上，它有着超凡的能力，但在创造新知识上，能力欠佳。对于 GPT – 4 的影响，作者们认为是"不确定"

的。GPT－4刚刚出现，后续究竟它会产生什么影响取决于人们怎么使用它。在具体应用出现以前，谁都无法准确预测。但目前比较多的表现集中于以下几方面：（1）错误的回答。大语言模型仍然无法避免错误回答。（2）被恶意使用。使用者可能会使用 GPT－4 去实施网络攻击、虚构新闻等非正当行为。（3）偏见。GPT－4 是使用公开数据集训练得到的。这些数据中包含什么样的偏见，GPT－4 就会有什么偏见。

对于图书馆工作而言，大规模语言模型（LLM）或者说 GPT 的首要冲击就是人们获取信息的习惯。实际上，自问世后，ChatGPT 已经开始改变人们的信息获取习惯了。在 ChatGPT 之前，谷歌搜索的占有率长期保持在91%—93%，微软的必应搜索只有2%—3%，但微软推出了可以连接互联网、基于 GPT－4 的新型搜索工具 Newbing 之后，不到一个月时间，微软必应日激活量首次破亿，搜索的占有率已经接近10%。搜索引擎的出现，已经改变了读者的阅读习惯，搜索之后，人们习惯性地会阅读原文，至少是原文的一部分。但对于 Newbing 的用户而言，直接搜索，Newbing 便会给出答案。比如搜索南京一日游攻略，Newbing 会直接给出一份游玩计划，涵盖饮食、交通、景点、路线、注意事项等方方面面，绝大多数可以直接使用。在这种情况下，人们获取信息的过程从遇到问题、搜集信息、整理信息直接简化成了问问题，只要会问问题，就能获得答案。这种情况也催生了提示工程师这个新职业。实际上，目前的 Newbing 已经完全可以实现参考咨询、书目推荐等图书馆服务功能，实际上关于定题信息和阅读推广也不是难事。

图1是直接向 Newbing 提问，让它推荐五本关于唐朝历史书的示例。Newbing 不仅准确给出了五本书，还给出了这些书的出处。实际上，如果继续问下去，Newbing 还可以给出这五本书的简介、评价。更进一步，Newbing 甚至可以帮你看书，给出相应的电子书链接，可以直接提炼出主题、内容、特点等，直接生成一份读书笔记。

图2给出了一个简单的例子，这里我们打开了一篇简单的英文文章，

直接让 Newbing 帮我们阅读，并给出一个简单的总结。由图 2 可以看出 Newbing 基本上把这篇文章的主要内容准确地总结了出来，并且进行了翻译。除此之外，还可以进一步询问这篇文章的其他相关信息。

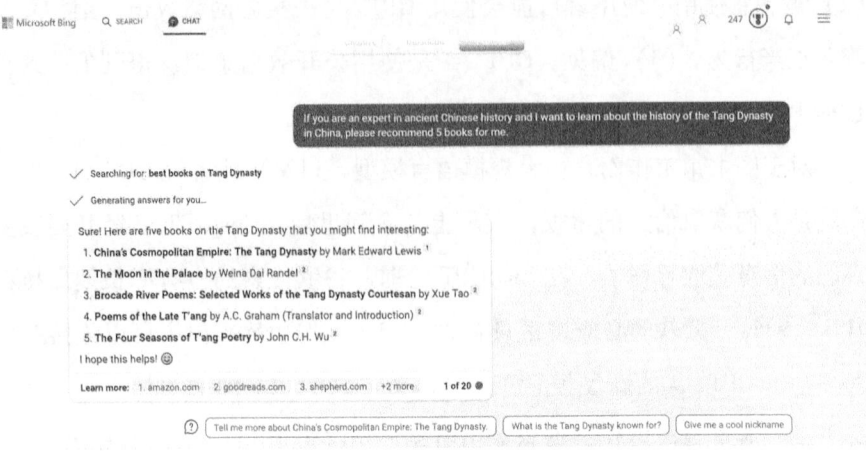

**图 1　Newbing 图书推荐示例**

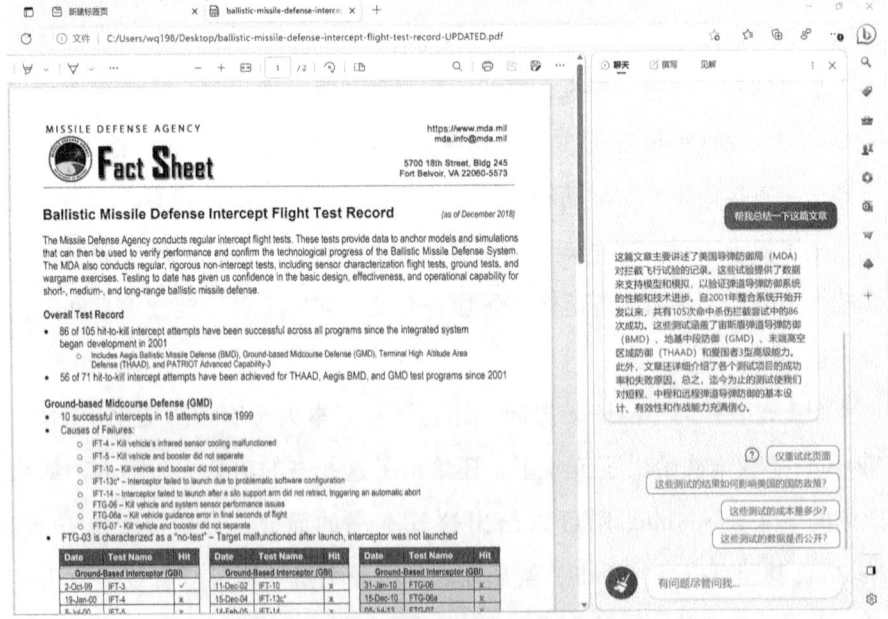

**图 2　Newbing 书籍总结示例**

　　这对于图书馆工作将是一个巨大的冲击。可以说 Newbing 从文献的推荐、搜索、阅读和评价，能够一条龙地帮读者完成，比大多数图书馆提供了更多、更好、更便捷的服务。在这种冲击面前，每一位图书馆人都应该好好思索，在人工智能技术迅猛发展的今天，图书馆究竟应该怎样为读者提供服务、为读者提供哪些服务、提供什么样的服务。

# 参考文献

［1］陈璐莹. 图书馆文献传递服务研究：以宁波大学园区图书馆为例［J］. 图书馆研究与工作，2020，194（8）：71 - 74.

［2］陈丕庞. 图书馆智能咨询系统的构建［J］. 图书馆理论与实践，2006（4）：11 - 13.

［3］董玉梅，徐阳，吴爽. 高校图书馆服务研究与现代图书馆管理［M］. 北京：中国纺织出版社，2019.

［4］段琦峰. 论高校图书馆公共文化服务功能的实现：以吉林省的情况为例［D］. 长春：吉林大学，2018.

［5］凡庆涛. 我国公共图书馆科技查新服务发展现状与路径研究［J］. 图书馆研究与工作，2021，210（12）：57 - 62.

［6］高虹. 高校图书馆科研定题服务研究［J］. 农业图书情报学刊，2017，29（4）：166 - 168.

［7］郭山. 智能机器人技术在公共图书馆实时参考咨询服务中的应用［J］. 图书馆学研究，2017，405（10）：58 - 61.

［8］葛茂繁，王静. 数据库服务方式及图书馆数字化资源建设的发展趋势［J］. 情报资料工作，2004（S1）：191 - 192.

［9］黄一萍. 图书馆电子文献传递服务的著作权问题研究［J］. 传播与版权，2022，105（2）：120 - 124.

［10］黄静. 机构重组与职能超越：美国高校馆际互借与文献传递服务的长尾式生存［J］. 大学图书馆学报，2020，38（4）：47 - 52.

［11］洪牧. 人工智能技术视域下公共图书馆参考咨询服务探析［J］. 科技资讯，

2022，20（18）：232－235．

[12] 侯延香. 中文电子期刊数据库改进策略研究［D］. 长春：东北师范大学，2004．

[13] 霍瑞娟. 我国国家图书馆社会职能定位研究［D］. 武汉：武汉大学，2013．

[14] 焦丽叶. 新技术条件下的智慧图书馆服务模式比较研究［D］. 太原：山西大学，2021．

[15] 蒋萍，王欣欣. 读者抱怨与图书馆服务补救策略［J］. 内蒙古科技与经济，2007，141（11）：239－241．

[16] 刘小晶. 高校图书馆员服务能力对关系质量的影响研究［D］. 太原：山西大学，2019．

[17] 李桂贞，郑建明. 基于智能信息推拉技术的数字图书馆主动信息服务［J］. 情报杂志，2007（2）：65－67．

[18] 李晓君. 智能图书馆建设途径探析［J］. 河北科技图苑，2013，26（6）：33－35．

[19] 李治平. 美国高校图书馆创新创业服务实践及启示［D］. 湘潭：湘潭大学，2021．

[20] 李洁. 数据驱动下数字图书馆知识发现服务创新模式与策略研究［D］. 长春：吉林大学，2019．

[21] 逯思怡. 河北省高校图书馆空间服务现状调查分析与研究［D］. 保定：河北大学，2021．

[22] 刘蜀仁. 网络出版物的发展与图书馆资源引进对策［J］. 图书馆杂志，2000（1）：31－34．

[23] 刘段. 发现系统在学术研究中的应用研究［D］. 武汉：华中师范大学，2014．

[24] 梁文佳. 高校图书馆创客空间服务模式研究［D］. 长春：吉林大学，2017．

[25] 梁灿玉. 学科馆员与大学图书馆知识服务研究［J］. 办公室业务，2014，190（5）：149．

[26] 陆雪梅. "985"高校图书馆数据库服务导航现状调研与分析［J］. 图书馆学研究，2015，358（11）：56－60．

[27] 马海群，张涛，李钟隽. 新时代文献信息的价值重构：人工智能技术和智慧服务［J］. 情报理论与实践，2021，44（2）：1－7．

[28] 马明霞，朱秀平，陈存业. 智能信息推拉（IIPP）技术在图书馆信息服务中的应

用［J］. 现代情报，2005（6）：94－96.

［29］彭珍. 我国公共图书馆智慧服务研究［D］. 湘潭：湘潭大学，2019.

［30］任延安."211"高校图书馆文献传递服务研究［D］. 南京：南京农业大学，2009.

［31］阮岗纳赞. 图书馆学五定律［M］. 夏云，王先林，等，译. 北京：书目文献出版社，1988.

［32］沈杰. 构建图书馆个性化智能信息服务系统的基本路径［J］. 图书馆理论与实践，2021，250（2）：80－84.

［33］宋东桓，徐小牧，杨珊，等. 国内文献传递与馆际互借发展脉络研究［J］. 高校图书馆工作，2021，41（4）：1－7.

［34］邵畅畅. 河南省省市级公共图书馆弱势群体服务研究［D］. 郑州：郑州大学，2020.

［35］田磊. 人文关怀：图书馆服务与管理理念的新发展［J］. 图书情报工作，2009，53（19）：56－59.

［36］田硕硕. 高校图书馆智库服务建设研究：以长株潭部分高校图书馆为例［D］. 湘潭：湘潭大学，2021.

［37］唐晓波，魏巍. 基于文本与 Web 语义分析的智能咨询服务模式及体系架构研究［J］. 情报科学，2016，34（11）：111－114.

［38］陶功美. 基于"互联网＋"思维模式的图书馆服务意识探讨［J］. 新世纪图书馆，2015，232（12）：30－32.

［39］王正林. 基于智能技术的图书馆文献传递服务［J］. 图书馆学刊，2017，39（9）：99－102.

［40］王晓晨. 基于人工智能的公共图书馆空间再造模式构建研究［D］. 沈阳：辽宁大学，2019.

［41］王良超. 全媒体时代高校图书馆信息服务模式研究［J］. 农家参谋，2020，661（14）：192－193.

［42］王文清，柴丽娜，陈萍，等. Shibboleth 与 CALIS 统一认证云服务中心的跨域认证集成模式［J］. 国家图书馆学刊，2015，24（4）：45－50.

［43］王翰博. 基于 Web2.0 的图书馆信息服务创新研究［D］. 合肥：安徽大学，2013.

［44］王招富. 学科馆员制度下的高校图书馆信息服务研究［D］. 湘潭：湘潭大

学, 2013.

[45] 王会琴. 深度学习在高校图书馆智慧服务中应用研究 [J]. 信息与电脑（理论版）, 2022, 34 (4): 76 - 78, 82.

[46] 王欣欣. 个性化信息需求与高校图书馆个性化信息服务的探讨 [J]. 巢湖学院学报, 2005, 7 (5): 161 - 164.

[47] 王欣欣. 谈数字图书馆进程中图书馆员的创新品质 [J]. 情报探索, 2006 (5): 27 - 28.

[48] 王欣欣. 新时期高校图书馆员的职业道德修养 [J]. 皖西学院学报, 2005, 21 (5): 149 - 151.

[49] 王欣欣. 阅读的本质与图书馆服务 [J]. 图书馆论坛, 2006, 26 (2): 69 - 71, 141.

[50] 王欣欣. 智力资本在图书馆管理中的运用与对策 [J]. 现代情报, 2007, 190 (4): 130 - 132.

[51] 王小宝. 公共图书馆创新服务模式研究: 以洛阳城市书房 "河洛书苑" 为例 [D]. 郑州: 郑州大学, 2020.

[52] 王世伟. 人工智能与图书馆的服务重塑 [J]. 图书与情报, 2017, 178 (6): 6 - 18.

[53] 吴江鑫. 基于公共图书馆的用户间互动对感知服务质量的影响研究 [D]. 太原: 山西大学, 2019.

[54] 吴晨光. 安徽省市级公共图书馆智慧服务研究 [D]. 合肥: 安徽大学, 2021.

[55] 吴建中. 人工智能与图书馆 [J]. 图书与情报, 2017, 178 (6): 1 - 5.

[56] 谢积鉴, 胡婷婷. 图书馆文献信息智能化服务平台构建探究 [J]. 云南图书馆, 2021 (1): 38 - 41.

[57] 熊拥军, 袁小一. 图书馆文献数据库运行状态自动监测系统的设计与实现 [J]. 现代图书情报技术, 2014, 248/249 (7/8): 127 - 132.

[58] 新华社. 习近平主持中共中央政治局第九次集体学习并讲话 [EB/OL]. (2018 - 10 - 31) [2023 - 06 - 20]. https://www.gov.cn/xinwen/2018 - 10/31/content_5336251.htm? cid = 303/ *.

[59] 尹彦力. "双一流" 建设背景下高校图书馆服务创新研究: 以武汉大学图书馆为例 [D]. 武汉: 武汉大学, 2019.

[60] 谈娟. 人工智能技术在图书馆中的应用研究 [D]. 福州：福建师范大学，2020.

[61] 杨斌成. 人工智能在公共图书馆智慧化服务中的应用及现状研究 [D]. 上海：
华东师范大学，2022.

[62] 杨世玲. 我国高校图书馆知识产权信息服务研究 [J]. 图书馆研究与工作，
2022，216（6）：55－62.

[63] 余丽. 基于大数据的数字图书馆信息服务研究 [J]. 电脑编程技巧与维护，
2018，392（2）：85－86，113.

[64] 易路杰. 大数据背景下公共图书馆的信息服务研究 [D]. 武汉：湖北工业大
学，2016.

[65] 姚飞，纪磊，张成昱，等. 实时虚拟参考咨询服务新尝试：清华大学图书馆智能
聊天机器人 [J]. 现代图书情报技术，2011，204（4）：77－81.

[66] 张安珍. 论网络环境下的智能信息服务 [J]. 情报理论与实践，2004（6）：
659－662.

[67] 张毓晗. 西南地区高校图书馆科技查新服务调查与分析 [J]. 图书情报工作，
2015，59（S2）：65－68.

[68] 张钦恒. 现代信息技术条件下高校图书馆电子资源服务优化策略研究 [J]. 河
北科技图苑，2021，34（4）：59－62，96.

[69] 曾玲. 均等化服务视角下公共图书馆阅读推广研究 [D]. 哈尔滨：黑龙江大
学，2020.

[70] 张觉非. 深入理解神经网络：从逻辑回归到 CNN [M]. 北京：人民邮电出版
社，2019.

[71] 邵建勋，倪俊杰. 带你了解语音识别技术 [J]. 中国信息技术教育，2021，370
（21）：75－79.

[72] 周秀明. 基于数字馆藏的高校读者培训工作探索 [J]. 图书馆学研究，2005
（10）：89－91.

[73] 朱惠灵. 上海市高校图书馆社会服务工作研究：以西南片区高校图书馆为例
[D]. 上海：上海师范大学，2018.

[74] 中共中央文献研究室. 习近平关于社会主义社会建设论述摘编 [M]. 北京：中
央文献出版社，2017.

[75]《中国大百科全书》总编委会. 中国大百科全书（第二版）[M]. 北京：中国大

百科全书出版社，2009.

［76］中国科学院文献情报中心.《ChatGPT 对文献情报工作的影响》研究报告（简版）公开发布［EB/OL］.（2023 - 02 - 28）［2023 - 06 - 26］. http：//www. las. cas. cn/zhxw/202302/t20230228_6685890. html.

［77］中国新闻出版研究院. 2022 年第十九次全国国民阅读调查［EB/OL］.（2022 - 04 - 23）［2023 - 06 - 25］. https：//accesspath. com/report/5741547/.

［78］沈娟. 高校图书馆同伴教育服务研究［D］. 福州：福建师范大学，2019.